腳下魔法覺醒南美

李文雋 著

從造神運動到僑民組織
由極權統治到爭取公義
邁向光明的足球旅行

1841
一八四一

足球或者並非如社會學家或心理學家形容那般複雜，
只是提供日常生活難以經驗的激烈情緒、
讓人單純地享受和興奮的機會。

——尤薩（Mario Vargas Llosa），〈虛空的歡愉〉（El placer vacío）

體例說明

書中香港詞彙、用字按原文保留，球員／球會／地名等以香港翻譯為準，以免混淆，書末附有譯名對照表。

利馬
Lima
秘魯國家球場
Estadio Nacional del Perú
Estadio Alejandro Villanueva
利馬聯盟
Alianza Lima
Estadio Monumental 'U'
秘魯體育大學
Universitario de Deportes
士砵亭水晶
Sporting Cristal
庫斯科
Cusco
加西拉索球場
Estadio Inca Garcilaso de la Vega
Cienciano
拉巴斯
La Paz
靴蘭度施里斯球場
Estadio Hernando Siles
Estadio Rafael Mendoza
最強者
Club the Strongest
蘇克雷
Sucre
Estadio Olímpico Patria
玻托斯
Potosí
Estadio Víctor Agustín Ugarte
皇家玻托斯
Real Potosí
玻托斯國民
Nacional Potosí
祕魯
第三章
玻利維亞
第四章
阿根廷
第一章
智利
第二章
卡拉馬
Calama
卡拉馬沙漠之狐球場
Estadio Zorros del Desierto de Calama
哥比路亞
Cobreloa
聖地牙哥
Santiago de Chile
紀念碑球場
Estadio Monumental David Arellano
高魯高魯
Colo-Colo
Estadio San Carlos de Apoquindo
天主教大學
Club Deportivo Universidad Católica
智利大學
Club Universidad de Chile
智利國家球場
Estadio Nacional de Chile
Estadio Santa Laura
艾斯賓路拿
Unión Española
Estadio Bicentenario de La Florida
奧達斯
Audax Italiano
Estadio Municipal de La Cisterna
柏利斯天奴
Palestino
奇洛埃島
Isla de Chiloé
瓦爾帕萊索
Valparaíso
聖地牙哥漫遊者
Santiago Wanderers
門多薩
Mendoza
馬爾維納斯球場
Estadio Malvinas Argentinas
羅沙尼奧
Rosario
比爾沙球場
Estadio Marcelo A. Bielsa
紐維爾舊生
Newell's Old Boys
布宜諾斯艾利斯
Buenos Aires
糖果盒球場
Estadio Alberto J. Armando (La Bombonera)
小保加
Boca Juniors
紀念碑球場
Estadio Monumental Antonio Vespucio Liberti
河床
River Plate
阿韋亞內達
Avellaneda
貝隆總統球場
Estadio Presidente Peron
競賽會
Racing Club
Estadio Libertadores de América Ricardo Enrique Bochini
獨立
Independiente

目錄

推薦序

一種足球的深情

馬嶽
香港中文大學政治與行政學系副教授

本書是非常厲害的足球書寫。只有對足球投入極深厚感情的人，才會如此徹底的用足球啟發和串連一大堆遨遊四海的旅程，變為對不同地域別開生面的深度旅遊。

這本書不可以算是遊記或旅遊書（沒有甚麼寫旅遊書的人會去入礦洞的）也不可以算是足球書（沒有怎麼講戰術或者描述甚麼比賽過程）。這本書獨特之處，在於以足球作為引入的視角或引發問題的起點，結合親身探訪和現場經驗，分析不同國家的政治、社會、經濟、文化狀況和歷史，成為不一般的遊人筆記。作為一個唸社會科學的球迷，我看到本書每一處都是足球，又每一處都超越足球。作者同時也作了很多其他有關足球和南美歷史和社會的閱讀，涉獵不少層面，因而讀者要進一步了解不同地域的社會政治以及足球狀況，這書不同部分都可以成為很好的索引，非常有啟發性。

記得小的時候，對世界各國的知識的來源之一就是世界盃，英國和歐洲的主要城市，總是透過球隊認識。這本書啟發的各種知識，無疑已經遠遠超越這個水平。對大問題大知識的探索可以由小問題小興趣開始，重要的是有某種執迷。

我一直主張「以治學態度睇波」，即是任何小興趣小癖好，大家都可以盡情投入，思考學習鑽研，從中可以啟發大的興趣大的學問新的喜悅，重要的是你願意投入感情和時間。這是一個生活態度問題，即是認真的面對生活，可以由小節開始，可以由個人癖好開始，投入盡力的把事情做好，自然可以出現新的境界、新的視野。

我在二十多年前開始寫足球專欄，結合足球和某些社會科學分析，希望為讀者引入一種「點止足球咁簡單」的概念。西方社會科學本來就有相當多環繞足球的深入學術分析。這個寫作過程引發我閱讀多了很多與足球戰術歷史背景有關，以及有關足球的社會政治分析的書籍和文章，以至後來發展成大學裡的課程。但廿年來看過很多作品之後，我仍然覺得本書是一種很獨特的書寫：它有一種球迷的第一身視角、反映了作者作為球迷個人探索的思考和心路歷程，饒有趣味，對很多沒有到過相關地區的人，或者不看足球的人，都可以有所啟發。

我本來不認識作者「阿大」，他說他大約十年前在中文大學旁聽過我逸夫書院通識的「足球世界：社會科學的角度」的課而受了點啟發。這個課程本來是呂大樂教授在中大的時候首創的。我大約十年前教過一次，在二〇二二年春季在「阿大」給我部分本書書稿時我再一次教這科。以後如果再有機會教這個課程，應該會用上本書的部分內容作為參考讀物。

十年下來，民間和網絡上有關足球、以至足球和社會、足球和政治關係的書寫大大增加、質素也大為提高，於是任何對足球有興趣的人，如果想增進知識，途徑多了很多，用治學態度睇波的人無疑是多了很多，香港足球迷數以十萬計，應該有更多人可以從事有意義高質素的足球書寫。

明末散文家張岱說過：「人無癖，不可與交，因其無深情也。」不看足球的人往往難以理解球迷的癡狂和執迷，球迷如我等就不明白他們為甚麼不看足球。足球的魔力可以引發的深情，無遠弗屆也無與倫比。每一個球迷都可以從今天開始，更認真的對待足球以及相關的社會現象。

要的只是一種感情的投入，一種一往無前的態度，一種認真處事的精神，對喜愛的東西的執迷，很多香港人都可以走遍天下，走出活出自己的格調和視野來。

推薦序

拉丁美洲何止足球

李碧君

旅遊作者，FB：對倒香港隨筆
《逆光天堂：看見你不知道的拉丁美洲》作者

跟阿大在古巴看芭蕾舞表演，轉眼已差不多十年，但仍歷歷在目。

表演開始，只餘下舞台的光。古巴人看芭蕾表演，似乎是個熱鬧節目，小孩喧嘩和成人談天噪音交雜，連我的古巴朋友也受不住，頻頻皺眉生悶氣。不過阿大這時，掏出一本手掌般大的小筆記，彎下身，似乎不受干擾，瞇著眼開始寫作。我很好奇，到底在寫甚麼？「我習慣記錄旅途見聞，點點滴滴，我都會記下來，為日後出版新書做準備。」

他跟我解釋時，雙眼幾乎沒有離開筆記，僅用台上微弱餘光，繼續埋頭的寫。難怪，他眼鏡的鏡片有點厚。

台上表演如何，我老早就忘記了。反而台下身旁這一幕，卻總記憶猶新。看見這麼努力的旅者，我似乎顯得太散漫。一直以為，旅行是很個人的事，做記錄不過是為了自己。但對阿大來說，旅行除了自娛，也是項任務：要將眼前光景，呈現給還未到訪，甚至是沒有機會體驗的旅者。唯一分別是，這群旅者是戴上他的眼鏡，倚仗他的文字，來一趟他方之旅。

這是副以足球為出發點的眼鏡。

我們旅遊，總不期然以自己興趣，作為探索他方的起點，例如食物和建築，這都是常見角度。作為球迷，阿大努力探索足球在不同國度的前世今生，還有如何見證該國度的興衰，帶給我們讀者不一樣的見聞。

作者在文中不斷謙稱，自己不諳西班牙語，故未能跟當地人有進一步交流。反觀自己旅遊拉美時，雖自詡略懂幾句，但何曾想過，在智利要去紀念碑球場（Estadio Monumental David Arellano）逛逛，找高魯高魯球會（Club Social y Deportivo Colo-

Colo）談談，更遑論了解足球原是反映智利種族多元的一面鏡子，兼容西班牙、意大利甚至是巴勒斯坦的僑民球會；就算身處以足球聞名的阿根廷，我也未曾研究世紀球王馬勒當拿的故事，以及足球教該國瘋狂的原因。阿大在阿根廷結交當地志同道合的朋友，一同為阿韋亞內達打比（Clásico de Avellaneda）歡呼，更留宿屋簷下，暢談其樂於跟足球交纏的人生。

足球，不過是個出發點。更重要的，是從足球折射出的社會面貌，誠如書中提到，「足球作為社會的一部分，也是一雙歷史之眼」。

阿大踏足智利卡拉馬（Calama），發現這小城市的一切，由市中心的噴泉雕像，街上的大廣告牌，到小孩玩具，都跟該地的經濟重心——銅礦不無關係。就連小城球戰，也稱為銅業打比（Clasico del Cobre）。作者觀賞打比[1]賽，並獲賽事中哥比路亞球會（Club de Deportes Cobreloa）經理接待，分享其為礦業工人而設的背景。

除了表面所見，當然少不了的，是拉美真實但教人不忍卒睹的問題。

因殖民歷史而留下貧窮和腐敗，是拉美給世人的刻板印象，雖不盡然，但確是事實。我們對此總是批判，或許因為社工專業出身，評論之餘，阿大更多了一份同理心，悲天憫人的看待困局。例如在玻利維亞，他到訪位於高居海拔三千六百三十七米的靴蘭度施里斯球場（Estadio Hernando Siles，又譯埃爾南多．西萊斯球場），思考為何高原給球員訓練出不一樣的體格，球賽成績卻一直不盡人意的反差。原來這是貧窮國度的既有窘境：飲食缺乏營養、訓練欠缺資源，以及沒有系統組織。當他離開球場，沿途看見行乞的孩子，作者向讀者赤裸裸展現他內心的掙扎和交戰。作為旅人，我們只是過客，雖然同情，卻有所局限，很多時候只能百般無奈，眼睜睜目送這些叫人不忍的畫面。

這些點點滴滴，當下雖不能解決，但我猜阿大希望借助文字，略盡綿力，將這些鏡頭帶到世界另一端的我們，讓我們反思種種可能性。他將自己走過的大千世界，統統盡收進那本小筆記本裡。現在這本小筆記，已整理井然有序，是本豐厚的人文紀錄。現誠邀你跟我一起，透過阿大的眼睛，窺探這個不一樣的拉丁美洲。

1　打比：Derby，又譯打吡或德比，指屬同一城市或地區的兩支球隊對賽，或死敵間的較量。

推薦序

點只講波咁簡單

龐一鳴
——一拳書館館長
IG：book.punch

拉美的星期天，跟平日最大的分別，當然在於足球賽事的降臨。歐洲城市也有如宗教一樣的神聖觀賽文化，每逢主場的日子，球迷總是浩浩蕩蕩由城市四面八方湧去球場。不過，如果拉美球迷的狂熱真的在歐洲之上，會是怎樣把歐迷比下去？我認為一定在於街頭上見到不一樣的兒童和青少年。在拉美遊歷的一年，無論在哪一個國家，時時都見到相同的畫面。究竟是怎樣的足球風景？

你總會看到有兒童或青少年找一塊布舖在城市繁忙的街區，然後坐在上面。你會看到布上佈滿硬幣，原來這位年輕的小球迷就是在等待大人的打賞，儲夠硬幣就可以去買當日球賽的門票！有這樣的小球迷意想不到，還有支持小球迷入場睇波的大人更是意料之外。阿大就是見證了如此熱愛足球的拉美故事，難怪要寫書，而且一本都未夠！

雖然讀者或許未曾去過拉美，但透過阿大的文字去感受一下拉美人對足球和生命的熱情，絕對是最好的替代品。阿大會介紹好多奇人異士給你認識，例如公司請人都要問求職者支持那個球會的超級球迷 Ariel；不單只鍾情足球的朋友會喜歡這本書，書中觸及數十個拉美關鍵詞，時而論盡偉人，時而介紹政經歷史藝術文化術語，透過阿大一邊講波，一邊講遊歷，你會接觸到多方面有關拉美的知識。

能夠令球迷讀得過癮，同時令旅行愛好者讀到有內涵的遊記，絕對要學下拉美人入波時用成半分鐘喊 GOOOOOOOOOOOOOOOOOOOOOOOAL，來恭喜作者的成績！

CHAPTER 1

浪漫與悲情：阿根廷

HAST

一、何以阿根廷人對足球如此瘋狂？

「我出發去糖果盒球場（La Bombonera）了！」同住的朋友 Guido 說。我只能以羨慕的眼神，看著他的身影出門遠去。早於來到南美之前，我已憧憬在小保加（Boca Juniors）主場看一次「阿根廷打比」，也因此安排在大戰前留在布宜諾斯艾利斯（Ciudad Autónoma de Buenos Aires），希望能夠願望成真。然而，這享負盛名的體壇盛事實在太受歡迎，即使當地朋友傾力相助，我也只能望門興嘆。

我成長於歐洲資訊和足球霸權的年代，對於遠方的南美洲只認識皮毛。相比如數家珍地說出歐洲各大班霸，能說得出的南美球會也只是屈指可數，但總不會遺漏小保加與河床（River Plate）。早在球賽前的兩三天，大戰氣氛已甚為熾熱。大家除了不斷嘗試替我購票以外，也在各方面早作準備，例如安排當天提早下班，預先購買零食等。「阿根廷打比」，從來都是生活中的大事。當晚，我與Guido的姐姐Melisa和其他本地友人，早就準備就緒，一起在電視前看「阿根廷打比」的直播。

當評述員激動地歡迎小保加球員進場後，座無虛席的「糖果盒球場」掌聲雷動。球迷燃點手持的線香煙花，迷霧裡碎紙隨風輕飄，朦朧間閃閃繁星照耀，跟包廂上的整列射燈互相映照。人潮不住躍動，亢奮地將充氣打氣棒或氣球隨意丟出。藍底黃字的四幅巨型直幡從「第十二人」（La Doce）的看台上緩緩垂落，為這場引人入勝的盛事揭開序幕。

我與友人都急不及待，在居所內鬥志激昂地歡迎球證鳴笛。屋中各人都一致地支持主隊小保加，對每一個攻勢、鏟球或犯規，大家都同聲同氣，差別只是表現方式和激動的程度。首回合0：1落後的主隊必須傾力反撲，場上的對抗雙方也是寸土必爭，然而在未佔優勢之下，半場雙方互無紀錄。

火花四濺的上半場過後，螢幕前的我們得以稍休。球場內的氣氛仍不減熾熱，球迷沒有停止過跳動和打氣，氣氛卻越來越不對勁。短短的十五分鐘休息轉眼即逝，下半場的開賽時間已過，雙方球員卻遲遲沒有進場。

大家都開始滿腦子疑問，並漸漸發覺事有蹺蹊。Melisa致電現場的弟弟Guido，欲知究竟，後者表示在場球迷都一頭霧水。終於電視傳來加插突發新聞的畫面，只見有數名河床球員以清水沖洗眼睛和臉孔，狀甚痛苦。報導仍未準確知悉事情的來龍去脈，只知道河床球員受到不明氣體襲擊，一場嘉年華瀰漫著腰斬的危機。下半場賽事拖延一小時後，直播畫面所見，河床球員在警察的保護下離場，球證正式宣布賽事腰斬。這個期待以久的晚上，以意想不到的形式落幕……

後來從新聞中得知，一名極端球迷在場破壞客隊充氣通道，並向內以胡椒水施襲，讓在場球迷以至全國上千萬的球迷錯過一場經典大戰，也令主隊被罰0：3落敗，黯然在當屆南美自由盃出局。

這是我第一次「親歷」的Superclásico。

「何以阿根廷人對足球如此瘋狂？」

社會階級之爭？

要了解問題的答案，似乎應從認識小保加和河床開始。他們是阿根廷最有代表性和最成功的兩大球會。阿根廷打比（Superclásico）以比賽張力、球迷激情、球場氣氛以至豐富的話題性著名，被多家媒體譽為「人生必須親身經歷的體育盛事」之首，即使並非足球愛好者，也不能錯過。Superclásico是阿根廷足球的代表，也是阿根廷的代表。

保加區（La Boca，台譯博卡區）作為外來移民最初的聚居地，是孕育阿根廷現今文化的搖籃，探戈和兩大球會都源於此地。一九〇一年，兩家球會 Santa Rosa 和 La Rosales 合併成「河床」，一九〇五年五名意大利移民成立小保加。兩家同屬首都南部保加區的球會越發成功，自然地變成同區的競爭對手。

小保加和河床分別演繹外來移民迥異的故事，前者堅守保加區，揮灑汗水，以拼勁、勤勉和街頭智慧不屈不撓地闖出新天地。後者則是抓緊機遇、力爭上游，力圖洗脫貧窮，攀進上流社會。

河床在成立後曾數次搬遷，包括 Sarandí 和富裕的 Recoleta 區，最後於一九三八年落戶首都北部富人區 Belgrano 和 Núñez 之間，當年的紀念碑球場更是國內第一座建成的現代化體育場館。一九三一及三二年，河床先後以天價羅致 Carlos Peucelle 及 Bernabé Ferreyra 兩名球員，連續打破轉會費紀錄（後者更維持近廿年），自此河床得到「百萬富翁」（Los Millonarios）的稱號。球會發展迅速，並以擺脫草根的姿態奮發向上，漸漸成為中產和富人的象徵。

兩者已由同區競爭到同城南北對抗，再演變為階級之爭。然而，隨著兩家球會邁向成功，其影響力已由首都擴展至全國各地，兩者共吸納全國逾70％的球迷支持，涵蓋不同的社會階層。社會階級的分野的絕對性減輕，漸漸化為隱性因素，潛移默化地衍生出球會的獨特個性和意識形態。

小保加強調「利爪、蛋蛋與心」（Garra, huevo y corazon）的精神，以雄性化的象徵，展示非勝不可的意志。這是一種血與汗的野性，球員必須奮不顧身、付出所有，甚至不惜一切地爭勝，因此鐵血防守、凶狠攔截和欺詐技倆是最為常見的畫面。與之相反，河床則推崇「華麗、勝利與入球」（Gustar, Ganar y Golear），追求藝術性、踢出悅目攻勢，重視過程先於結果，比起前者不擇手段地勝出，後者更渴望成為較優秀的一隊。也許大部分人一聽之下，都認為河床的追求比較高尚，而其實兩者都盡顯阿根廷的特質。

當一個人三餐不繼，自然不顧一切，性命尤關之下，不僅狼吞虎嚥，甚至兵不厭詐，力求勝利。在被殖民主義蹂躪、貧富極懸殊的拉丁美洲，尤其是低下階層，這是生與死的問題，沒有太大的道德包袱。因為他們是最被剝削的一群，即使巧施小計，也只是為自己伸張正義的生活智慧。這種靈活使詐，被讚頌為「Viveza」。至於河床所追求的，既是四〇年代「機器」所展現的「La Nuestra」球風的延續，也是阿根廷人的自我追尋。[1]

打從一開始，阿根廷人對民族個性的定位就是熱情、靈活、富想像力和創造力，反對墨守成規、討厭社會規範、輕蔑枯燥乏味的訓練，恰恰回應他們被資本主義和後工業革命的勞役的際遇，吶喊著靈魂不會因此營營役役。他們理想中的自己，正好以「La Nuestra」方式呈現，帶有個人色彩的浪漫主義，堅持對自由的嚮往，無需也不甘臣服於集體意識。於黃金時代的阿根廷球星，即使夜夜笙歌、半帶醉意地上場，都足以華麗地取勝。阿根廷人始終期盼著自己才華洋溢到可以肆無忌憚、揮霍天賦，讓他們可以釋放靈魂，隨心所欲。

當然，大多數球迷未必說得出深層次的意識形態之別，反倒是兩者之間的冷嘲熱諷更為「入屋」。阿根廷社會盛行嘲弄文化，足球提供最佳的材料，兩者相得益彰。每個周末過後，球迷喜聞宿敵失威，便急不及待地奚落對方，並對此樂此不疲。小保加被死敵稱為Bostero，是河床球迷將Bote（船）和Bosta（糞便）兩字創造而成，以揶揄對方身處碼頭和貧民區。河床則被譏笑為Gallinas（小雞），事源一九六六年南美自由盃球隊浪費兩球優勢，最終反負2：4出局，從此被扣上膽小軟弱的小雞形象。是以小保加球迷會在某些河床球員作客糖果盒時故意捏著鼻子進場，小保加球星泰維斯（Carlos Tevez）曾於入球後扮雞慶祝，都令雙方的積怨火上加油。

賽場上的劍拔弩張、埋身肉搏，一幕幕爭議、絕殺、失控甚至打鬥仍然歷歷在目，世仇間的諷刺豈止開玩笑。當奪冠球隊繞場一周（Vuelta Olimpica），失落的對家球迷難免分外眼紅，過程甚有幸災樂禍意味，極具挑釁性。結怨百年，無怪乎有小保加球迷在河床降班後喜上眉梢。

1 La Nuestra：字面的意思是「我們的」，是一種讓球員自由發揮的球風。

河床與小保加之爭，一度由社會階級分野而起，並超越社會階級，成為其各自的信仰或符號。令阿根廷人瘋狂的，似乎不是階級，而是信仰之爭。

共同經歷與「類信仰」

首次接觸紀念碑球場，是在當地年輕朋友Gasti的家。我在玻利維亞旅行時遇上這個熱情的小伙子，數月後來到布宜諾斯艾利斯，當然登門造訪，聚首一番。Gasti頂著一個「Dreadlocks頭」（髒辮），經常忙於捲大麻煙，驟看頗有反叛意識，骨子裡卻是善良真摯的廿歲小子。年紀輕輕的他會揹著結他，在營火前跟其他旅人即興合奏，也會隨性地露宿野外，席地而睡。他的臉上總掛著鄰家男孩的笑容，不消半天便跟我稱兄道弟。

我們的相遇鮮有談及家庭，更莫論其家世。然而，當我親身到訪之時，我不禁嚇了一跳。他的家位於Núñez區內，單是從地下到升降機的保安系統，也需幾重功夫。當升降機門開啟時，我才驚訝地發現，怎麼會是一個大客廳？原來每一層只有一戶人家。作為井底之蛙，我也不怕尷尬地在他的家中四處參觀。他的客廳之大，甚至可以在家中踢起球來，而他的家，至少有三個如此大的客廳、飯廳或起居室。我在他的陽台中，清晰地看到河畔的紀念碑球場，這可能是城中最美的球場景。我深深感受到河床作為富人球隊的意思。

在拉美的大城市中，不同區域的分野巨大，社會階級的界線清晰，不會出現「深水埗豪宅」的香港式異象。我從居住的Palermo區徒步前往紀念碑球場，沿著Avenida del Libertador大道，經過公園和馬場門口後，再進入較繁忙的Belgrano區，大道兩旁栽種整齊的樹木，一路走來氣氛平靜輕鬆，在拉美大城市中甚為難得。球場的附近，是獨立屋的小區，人流雖少，但感覺安全。

我終於得以近觀阿根廷奪得一九七八年世界盃的舞台——河床的紀念碑球場。球場的外觀甚為宏偉，紅白色的主場格外突出。我急不及待內進參觀，雖然球場內的硬件也有略顯陳舊的歲月痕跡，但整體而言也算是拉美標準中的高水平。何況，硬件從來不是阿根廷足球的賣點。只要想像這個球場內座無虛席，球迷擊鼓高歌，彩帶如音樂噴泉般在看台傾瀉而出，紅色白色的煙花相繼在球場的上空綻放，便明白這才是阿根廷，球場不過是盛載熱情的容器。

河床的博物館，有一條長長的時光隧道，以編年史的方式，將球會跟世界串連。從球會誕生年一九〇一年開始，穿過紅色通道和年代的時間門，由時光導覽，伴我走一遍百年之路。從足球引入、一戰與經濟起飛，步進黃金時代開始，到一九三〇年首屆世界盃和聯賽職業化，我依靠展櫃內泛黃的照片、手動相機等收藏品，想像那百年前的歲月。探戈音樂、波希米亞式的生活作風散發年代的氣息，巨大的火車頭背後，是代表球會最輝煌年代的攻擊組合「機器」（La Máquina）。那是美好浪漫的四〇年代，是阿根廷足球追求藝術性的高峰，也是人們對生活心存理想（或幻想）的年代。

穿過代表五〇年代的門，電視螢幕上反覆播放馬丁・路德・金（Martin Luther

King Jr）與伊娃・貝隆（María Eva Duarte de Perón，台譯伊娃・裴隆）的演說，阿根廷足球固步自封並陷入低谷。七、八〇年代，彩色的片段或畫面下的展板，有詳細球賽紀錄和恆常陣容。一九七八年奪冠的矛盾感沒有呈現在畫面中，但一九八六年的世紀金球一直被反覆回味，還有約翰・連儂（John Lennon）遇害、八九民運和六四屠城，歷史不可能被抹去，時間總是一路走來，無數人一起見證。河床博物館不止展現球會由會徽、球衣、球場的轉變，也藉展藏如老爺跑車、搪膠玩具、「大哥大」手提電話、體育雜誌，加上其時的世界大事，呈現比我們以往讀過更完整的歷史。

我走進代表歷代榮耀的獎盃室，也細味「名人堂」式的點將錄。一隻隻銀靴背後，展示著熟悉的名字，迪・史堤芬奴（Alfredo Di Stéfano）、法蘭斯哥利（Enzo Francescoli）、奧迪加（Ariel Ortega）、沙拉斯（Marcelo Salas）、艾馬（Pablo Aimar）、馬斯查蘭奴（Javier Mascherano）等。他們代表著某個時代的光輝或掙扎，就如是劇場中的演員或舞台上的舞者，在射燈下盡展所長、翩翩起舞，接受觀眾的掌聲和崇拜。但他們並非時代的全部，化妝、布景、監制、編劇和導演……台前幕後，齊上齊落，榮辱與共。歷史不止是過去的資訊或數字，所謂的風格塑造或意識形態的追求，是透過無數人、每場比賽以至每一腳出球的決定，共同實踐。「La nuestra」還是「反足球」，再見或堅持理想，都是每個人共同編寫的歷史。

離開紀念碑球場，再相約 Gasti 共膳。作為居住在 Núñez 的富家子，他卻經常雀躍地分享他支持小保加的經歷和相片。他的父親因為馬勒當拿而愛上小保加，耳濡目染、「子承父業」，順理成章。然後，他累積個人經歷，跟球隊和球迷們創造許多共同回憶，親歷 Bianchi 帶領下的小保加、見證列基美（Juan Román Riquelme）的傳球，累積並化為屬於自己的部分，繼往開來。這個足球國家的典型故事，也正好說明兩者的階級絕對代表性早已今非昔比。這是混雜社會階級、意識形態、嘲弄文化與恩怨情仇於一身的，借足球為媒介，自成一家的「類信仰」。

忘卻痛苦／渲洩不滿？

阿根廷人總散發著一種悲情主義，猶如每晚都重覆播放同一首哀傷的探戈，愁緒揮之不去。這跟阿根廷的歷史息息相關，也能進一步了解足球作為心靈信仰的作用和原因。

●曾經光輝

十九世紀末至二十世紀初，阿根廷曾經是夢想鄉，彼時「白銀之地」芳華正茂。資源豐富、得天獨厚的她振翅欲翔，首都被視為「南美巴黎」，集文化與經濟於一身，加上與安第斯國家比較之下的白人優越感，令阿根廷基因裡始終帶點孤芳自賞。

於那個前程似錦的時代，拉布拉他河（Río de la Plata）流域的足球，甚至曾領先世界。一九二八年奧運和一九三〇年世界盃決賽皆惜敗於烏拉圭，令阿根廷耿耿於懷之餘，也印證兩國在世界足球上的領導地位。一九三一年，發展蓬勃的阿根廷足球進行職業化，「五巨頭」也陸續確立其足壇地位。小保加、河床、獨立（Independiente）和聖羅倫素（San Lorenzo），始終囊括聯賽首十六年的首次名位置。曾於一九一三年打破英裔球隊壟斷，成為業餘聯賽時代首支本地冠軍的競賽會（Racing），則直至一九四九年，才首次打破前四者的在職業化後的壟斷局面，但亦隨即實現三連冠。

一九三七至四七年間的七屆美洲盃，阿根廷包攬五屆冠軍，包括四五至四七年的三連冠。球會在歐洲巡禮中的亮麗成績、本土聯賽的高水平，加上歐洲足球被戰火所摧毀，阿根廷足球的黃金時代的確獨步天下。然而，巔峰的阿根廷卻無法證明自己，第二次世界大戰令世界盃停辦，加上貝隆（Juan Domingo Perón，台譯裴隆）在位期間，決意迴避國際大賽，以規避出現鄰國巴西「馬拉簡拿之痛」（Maracaço，又譯馬拉卡納慘案）後的政治危機。四九和五三年美洲盃、五〇和五四年世界盃，也因此欠缺潘帕斯雄鷹的英姿。[2]

一八六〇至一九三〇年左右，阿根廷整體國勢攀升。阿根廷足球誕生於最繁盛美好的時代，伴隨高度城市化、人口結構改變和國民意識建立等時代因素，蓬勃成長。一九二九年華爾街股災，阿根廷經濟結構單一化、工商業欠缺競爭力，於大蕭條時期深受重挫。國力由盛轉衰，卻因為歐洲自顧不暇，加上職業化令球會有足夠財力，將最好的球員留在國內，使足壇發展反而得以續命。更重要的是，在位者深明足球的「維穩」作用，於經濟不景和社會動盪之下，更需要足球轉移視線。例如貝隆不僅在不同的球會安插「教父」，以加強操控，同時即使面對嚴重的通貨膨脹，仍極力將球賽門票維持低價。

2 馬拉簡拿之痛（Maracanaço）：馬拉簡拿球場為巴西政府於一九五〇年興建的球場，為當時巴西崛起的象徵，豈料於同年世界盃中巴西在主場之利下1：2輸給烏拉圭，一時全國哀鴻遍野，有人暴動，也有人自殺，而整個國家也從鼓吹多元、朝氣勃勃和胸有成竹的氣氛，重新陷入種族矛盾和自我懷疑之中。可見《腳下魔法：叛逆拉美》96-97頁。

3 自一九三〇年首屆世界盃起，一九三四年阿根廷只派業餘球員出賽。之後的一九三八、五〇、五四年三屆都並未參賽。可以說，一九五八年是阿根廷第二次認真參賽的世界盃。

當二戰摧毀歐亞無數性命與希望的同時，阿根廷人仍在為足球歡呼。其後進入自我封閉式的孤立時代，彼時阿根廷的國勢和足球，尚能置身事外，並未全然崩潰。黃金時代，是阿根廷耗盡餘暉，在與世隔絕的溫室中，栽培出最後的一朵鮮花。

●風光不再

闊別二十四年之後，國家隊終於於一九五八年瑞典世界盃，重返大舞台。[3]自詡為奪冠大熱的阿根廷，卻遭捷克斯洛伐克1：6橫掃，於小組賽一勝兩負敬陪末席、慘敗而回。重新與世界接軌，方知曾經獨當一面的足球，已成自大夜郎，深深傷害民族自尊，也令阿根廷足球對自我風格的轉趨質疑，之後多年於浪漫主義與功利主義之間反反覆覆。

真相的揭示，不僅於足球層面。自一九三〇年第一次的軍事政變起，阿根廷步入長期的衰落，民主政體不斷地被軍事政變和軍人獨裁打斷，五十多年間政權更迭頻仍，政策難以持續，社會動盪不穩。無論是貝隆主義下的第三世界道路、新自由主義，或是曾經掙扎的社會主義或無政府主義者，全都無功而退。

阿根廷由二十世紀初的位居世界首十的發達國家，倒退為發展中國家。國家並非一朝一夕直插谷底，但經濟復甦的剎那光輝難以持續，總是失望而回。在歷史上幾個重要時刻，包括一戰、大蕭條和一九四七年關稅及貿易總協定等，阿根廷經濟都只能一再受挫、無力招架。由長年面對通貨膨脹，到貨幣危機，國債高築，直至二〇〇二年宣布停止償還，阿根廷經濟已經全然崩潰。

國家舉步維艱，足球豈能獨善其身？八〇年代，河床欠債三千萬美元，競賽會財赤嚴重，小保加幾近破產，聖羅倫素甚至因財困而將球場所在的土地變賣給政府，成為其至今無法釋懷的傷痛。千禧年代，競賽會宣布破產，其他四家巨頭也分別欠下四千至六千萬美元的巨債。財困令球會只能早早出售當家球星，競爭力和吸引力下降，形成惡性循環，漸漸淪為歐洲足球的「青訓基地」。全球化助長歐洲的經濟霸權，問題多多的拉美與之差距越來越大。曾經分庭抗禮的南美足球，現今的影響力已遠低於歐洲。

經歷高山低谷，國家從來沒有回到過去的高度，光輝歲月一去不返。亂局頻生、治安惡劣、貪污腐敗、貧富懸殊，社會問題病入膏肓。獨裁政權下，人們喪失基本自由和人權。貨幣危機和通脹問題，令百姓的財產朝不保夕。阿根廷人太需要足球，逃避苦不堪言的生活，寄託無處容身的心靈。面對生命中太多的失意、無力和憤怒，雖然絕大部分人只需要麻醉劑，但還是有少部分人借故訴諸暴力。

球場暴力與 Barra Brava

阿根廷的球場暴力問題，從盤古初開已經開始，並一直影響至今。球場暴力牽涉的範圍，包括球員之間、球迷對裁判或球員，以及球迷之間，由球場到看台，延伸至街上。

早於一九二四年南美錦標賽後的晚上，蒙特維的亞（Montevideo，台譯蒙特維多）街頭就有一位烏拉圭人，懷疑被捲入球迷衝突而被槍殺身亡，成為阿根廷足球史上首位遇害者。一九三九年，小保加對拉魯斯（Club Atlético Lanús）賽事中球員互毆，小保加球迷騷亂，警察向人群開槍，最終兩人命喪球場。六八年河床對小保加賽後的「12號閘慘劇」（Puerta 12 Tragedy），懷疑因球迷賽後騷亂，造成人踩人意外，釀成七十一人死亡，一百五十人受傷。一九七一年南美自由盃賽事，小保加主場迎戰秘魯的士砵亭水晶（Club Sporting Cristal），在完場前球員大毆鬥，最終十九名球員被逐，甚至被警方監禁。

讓球場暴力問題提升到另一個層次的，是足球流氓組織。足球流氓是世界各地球壇的共同問題，如同英國的Hooligan和歐洲的Ultras，阿根廷的足球流氓被稱為Barra Brava，相比之下，後者的破壞及影響力可說是無出其右。Barra Brava自五至六〇年代興起，當時作客比賽的壓力甚大（以南美自由盃尤甚），球員往往被主場球迷的叫囂或威脅所震懾，又或擔心球證偏幫主隊，影響表現及成績。有見及此，球會開始資助勇悍的球迷，為他們提供作客的門票、交通和住宿，打氣所需的物資費用等，以抗衡作客不利環境。

Barra Brava 可說是對球場暴力的一種回應，但卻是採取「以暴制暴」的方式。比賽前後雙方球迷打鬥屢見不鮮，以「保護」自己人之名惹事生非成為常態。二〇一七年，攝影機拍下貝爾格拉諾（Club Atlético Belgrano）年輕球迷 Emanuel Balbo 被 Barra Brava 成員追打及推下看台致死的過程，更是震撼人心。

Barra Brava 時至今日，已成為阿根廷足壇生態的重要一環。他們已演變為具階級性的黑幫組織，並大力捏揪著球壇的咽喉。

他們最基本的收入屬於舊式黑社會經營模式，包括掌控球場外售賣紀念品或肉腸包（Choripán）的攤販、比賽日收取球場附近的泊車「保護費」、轉售「黃牛票」、球場內販賣毒品等，一場比賽的收入可達數百萬阿根廷披索。財大氣粗的 Barra Brava 的魔爪更入侵球會內部，手法層出不窮。由於阿根廷大部分球會屬於會員制，會員投票選出球會管理層，掌握群眾與武力的 Barra Brava 成為被拉攏的對象。候選人招攬他們成為打手，在其骯髒手段下登上權位，自然成為利益共同體。

Barra Brava 成立建築公司，高價奪得球會的維修工程，大撈一筆後，和與之勾結的高層自肥。他們甚至以各種形式影響球隊，如以威脅勒索方式，左右球隊決策，又榨取球員的部分薪金。他們也會以經理人公司名義，搜羅並擁有年青球員，球員的所有權往往不全然屬於球會，奇貨可居之下，從球員轉會費中分紅成為巨額收入。

利益當前，自然催生更多的暴力。球會中不同幫派的 Barra Brava 之間，因為利益或仇恨而發生的流血事件此起彼落。例如二〇〇七年，河床以一千三百萬歐羅出售希古恩（Gonzalo Higuaín）予皇家馬德里（Real Madrid C.F.），Barra Brava 打算從中抽取兩至三成的分紅，但因頭目們之間分配爭議，其中一位幾近被槍殺。二〇一九年，分別為紐維爾舊生（Newell's Old Boys）和羅沙尼奧中央（Rosario Central）的兩位 Barra Brava 前頭目，於數天之內先後被槍殺。

Barra Brava 勢力之大，已成社會一大毒瘤，幾近無法無天。二〇一一年當選為獨立球會主席的 Javier Cantero 致力清除 Barra Brava 勢力，他下令禁止頭目 Pablo Alvarez 及手下進場，又曾在電視前指摘對方每月從球會榨取金錢，形容對方為小偷。足球流氓不僅故意在比賽日大肆搗亂，更曾群起將 Javier Cantero 禁錮在主席室內「談判」。競賽會名宿迪亞高米列圖（Diego Milito）就因球會未有足夠支援處理足球流氓，意興闌珊，辭任足球總監一職。

單靠足壇內人士或機制，想要改變情況恐怕有心無力。九〇年代特地為球場安全問題成立的委員會，曾多番作出改善建議。後來法庭甚至不止一次勒令聯賽暫停，下令球場須安裝閉路電視、禁止帶大型旗幟和香煙進場，並將 Barra Brava 列作不准入場的黑名單等，然而始終無法撼動問題的核心。究其原因，是社會的腐敗，Barra Brava 不僅與球會高層互相勾結，亦擅於賄賂法官警察，跟政客的關係更是千絲萬縷。

足球在阿根廷，既能聚眾，也可「吸金」，成為累積和擴張個人勢力的絕佳場所。國內其中一位最具影響力的工會領袖的 Hugo Moyano，自二〇一四年就擔任獨立的球會主席。阿根廷總統馬克里（Mauricio Macri）在當選總統之前，更曾擔任小保加主席達十三年之久。在制度的光明背後，曾牽涉多少的黑暗，實在是不得而知。

Barra Brava 的形態，壓根兒就是阿根廷的縮影。Barra Brava 是純粹的武力，活在「黑暗」，覬覦利益，代「光明」染污雙手，為自己染指權位。一九三〇年首次軍人政變後的五十多年，總統不是軍人，就是與之勾結的政客，而且絕大部分未能完成任期。在野政黨為私利拉攏軍人集團，打擊或推翻當權者，得勢後隨即政治分贓。政壇落入惡性循環，短視與自私的人，一直容讓武力破壞制度和程序公義。「武力」遂由爭權工具變成同夥，甚至成為權位的角逐者，Barra Brava 頭目擠身球會管理層、軍人集團竊國獨裁，莫不如此。

利用足球或群眾，謀取私利的大有人在。然而，丹心一片的亦不乏其人。在「類信仰」的身分認同中，球隊的成績並非關鍵，名列前茅固然可喜可賀，敬陪末席仍然不離不棄。走過高山低谷，始終榮辱與共，才是箇中真諦。他們並非以錦標為榮，而是以熱情為傲。

種種意識形態的混合，造就阿根廷獨有的故事。近年的例子，要數競賽會的轉變。自一九九九年破產後，由 Blanquiceleste PLC 公司於二〇〇一年入主，競賽會成為阿根廷首家由合股公司擁有的球會。然而，球迷始終認為足球是屬於大家的，是群眾的文化、熱情以至生命的一部分，不能由小部分人所獨佔。球隊的榮耀並不止於直接參與比賽的球員、領隊或管理層，球迷在心神、時間和財務上支持球會，他們絕對是球會的擁有者。這種於不同範疇作出貢獻，涵蓋財政層面以外，包括精神和身分上的「共同擁有權」，皆極具左翼色彩。

追源溯始，與貝隆時期高舉工人權益，甚至將仇富情緒植根人心等不無關係。競賽會球迷發起連串行動，在每場比賽高喊口號、遊行到班主家門外等，終於令球會於二〇〇八年回復為會員制非牟利團體。行動之中，有否人從中漁利？多少顆赤子之心？實在無從稽考。然而，這種由民眾以精神文化面向出發，成功扭轉市場運作的成功例子，於資本主義至上規則成長的香港人眼中，實在百感交雜。

阿根廷的球壇與社會問題嚴重，但他們擅於將之解構和外化。大概當你問一個阿根廷人，也會有相類似的思維模式。「沒錯，有些人在利用足球，但他們對足球的熱情也是真的。」在阿根廷，這種矛盾是可以同時存在的。這讓我想起馬勒當拿生前最後一次講話的名言——「球不沾污」（la pelota no se mancha），對足球純粹的愛，不應被周遭的黑暗所掩蓋。對他自身，對這國家，亦然。

阿根廷式熱情

●阿韋亞內達打比

「雖然你無法現場看 Superclásico，但你沒有錯過最佳的打比！」競賽會狂熱球迷朋友 Ariel 說道。「我們的打比才是最具熱情的！」說的是競賽會與其宿敵獨立之間的同市大戰——阿韋亞內達打比。這兩家位於布宜諾斯艾利斯外圍的球會，球場相距不足五百米距離，考慮到兩隊的宿敵身分，便驚覺何等瘋狂。

比賽當天，我和 Ariel 相約在他的家出發，一起坐巴士前往球場。越接近球場，氣氛便越熾熱。從下車的位置，我們尚要步行約十分鐘到球場。只見這一區市容較為陳舊，加上 Ariel 示意我要緊緊跟隨他的步伐，讓我也甚為緊張。早於出發之前，他已說過阿韋亞內達屬於治安較差的地區。前往球場的路上，開始人頭湧湧，好些球迷在唱歌，也有人在攤販前購買肉腸包或紀念品，大戰氣氛濃厚。

終於在街道轉角後，我看到競賽會的貝隆總統球場（Estadio Presidente Peron）。這個被稱為「圓筒」（El Cilindro）的球場，是貝隆政府以寬鬆的借貸形式出資興建而成。作為回報，球會不僅以其名命名球場，亦宣布貝隆為球會榮譽主席。競賽會被視為貝隆的球隊，加上與當時的財政部長 Ramón Carejo 關係密切，令人懷疑其一九四九至五一年三連冠的佳績背後，有否不為人知的故事。眼前的這座球場，可說是貝隆時期利用及操控足球的證據及遺址。

到達球場範圍後，Ariel 臉上的表情由謹慎變為興奮，許多經過的球迷都跟他相認和問候，可見他人面極廣。大戰當前，當然不乏傳媒，他們拍攝本地球迷進場前高歌，也有球迷在鏡頭前將比賽比喻為一場探戈舞會。正當球迷開始魚貫進場之際，

Ariel代電視台問我是否願意接受簡單訪問，原來電視台喜見來自世界各地的觀眾，並已將荷蘭、巴西和意大利等人的片段收錄。Ariel介紹我作為香港的「足球旅行作者」，表示我為阿根廷足球著迷，特意多留數天參與本賽事。我在鏡頭前說：「我很喜歡這裡的氣氛與球迷之間的互動，就像大家庭一樣。加油，競賽會！（Vamos, Racing!）」就這樣，我繼土耳其之後，又上了當地的電視。

終於，我隨Ariel步進球場看台。如此完整的圓筒形的球場也不算常見，置身其中有點古羅馬競技場的感覺。看台上並沒有劃位，嚴格來說是根本沒有座位，有的是一層層長條形的水泥階梯。這樣的設計倒也合理，誰會在球賽期間坐下？

人潮如流水般迅速注滿四面看台，不論身旁或遠處，人海中絕大部分人都穿著主隊球衣，整個下午我彷彿再也看不到白和淺藍以外的顏色。我以相機的長鏡頭，查看遠處的光景。密密麻麻的人頭中，仍能看到群眾臉上的雀躍。另一邊廂，一位男子手牽小幽靈巡行，這是阿根廷足壇最典型的奚落，小幽靈胸前的紅色「B」字，是指B級聯賽，以譏諷對方曾經降班的事實。某處看台的一隅，風景和氛圍略有不同，仔細一看，原來是特設的女性專區。小孩子或在球場外圍的小型硬地場踢球，或在欄杆附近玩耍嬉戲，自得其樂。這也是足球能凝聚人心的原因，不管是貧富、男女、老幼、左右，所有人都能夠找到立足之地。

在球員進場之前，竟然還另有儀式。數十名 Barra Brava 成員帶著樂器一邊揮舞旗幟，以巡遊隊伍姿態，接受英雄式歡迎進駐球門後的主看台。當球員陸續進場時，全場的歌聲更為激昂，不少人拋出手中的氣球或紙屑，與此同時，一幅超巨型橫幅從中層看台如海嘯般向下層看台捲至，覆蓋我眼前的三面看台，角度接近二百七十度，令人嘆為觀止！我不禁驚嘆：「This is fuxking amazing!」超巨型橫幅如浪潮多番拍岸，便隨潮汐退去被緩緩收起，過程充滿默契和效率。我驚訝的程度堪比參觀世界奇蹟的景點，他們究竟如何製造和管理如此巨大的橫幅？難怪世界各地的球迷會都會來阿根廷學習 Barra Brava 的打氣經驗和組織力。

緊接而來的，是三幅巨大的直幡，代表不同的 Barra Brava，如巨浪般覆蓋逾大半的主看台。開賽後的波濤依舊洶湧，或者說從未有一刻如鏡平靜，球迷們幾近全場都在振臂、揮旗、躍動與高歌。上萬的個人融為一體，化作蔚藍海潮，激起白頭浪花，濤濤不絕地拍打我內心的海岸。

賽事的首個高潮，是競賽會搏得12碼[4]機會。在米列圖主射之前，氣氛甚為緊張，我身旁的一位球迷甚至轉身跪地不敢觀看。破門之際，全場亢奮無比，附近的人衝向我相擁慶祝，不住地高呼「GOOOOOOAL」和「Milito」之名，彷如世界盃奠勝一刻。Ariel所言非虛，整個球場都為之震動，這是堪比地震的程度。他說：「現在你知道為甚麼即使阿根廷並非處於地震帶，但球場都要以防震標準而建了嗎？」

賽事進入下半場後，變得更為緊湊，又以主隊的攻勢較為接近，迫使獨立門將多番撲救，甚至曾有一球「詐糊」因犯規在先而被取消。競賽會的形勢越踢越順，

4　12碼：Penalty Kick，台譯點球。

未能增添紀錄只屬運氣不夠，但以1：0力克宿敵，揚威打比戰，球迷都已心滿意足。我們在球場內逗留好一陣子，細意回味。回程的巴士上，擠滿主隊球迷，大家興至所致，擊掌高唱，邊跳動邊拍打車窗，激動而不失溫馨。

「為甚麼阿根廷對足球如此瘋狂投入？」我問。「熱情！一切都是阿根廷的熱情。」Ariel 說。「讓我們促膝詳談，這個話題足以暢談一星期。」

●活出熱情

離開布宜諾斯艾利斯之前，我到 Ariel 的家留宿。他的家十分簡潔，沒有太多傢俱，甚至連沙發都沒有。根據他和太太 Greta 的說法，因為他們手頭並不充裕，住所只要能簡單生活就好，寧願將金錢用在支持足球和飲食之上。

「在阿根廷，甚麼都關乎足球。」Ariel 說：「我的整個人生都跟競賽會密不可分。也許聽起來很老套和誇張，但真的，我由衷地對球會和足球充滿感恩。」他呷一口杯中的 Malbec 紅酒，娓娓道來他的故事。Ariel 表示他成為競賽會球迷時，球隊已經三十年沒有奪冠了。在這個國家，「勝利球迷」不佔多數，球會就如是宗教派系，繼承自家庭或身邊人，很多時候沒有邏輯可言，只有全情投入。

「我人生的每一處都與競賽會有關，工作、人際圈子，甚至愛情也是。」他表示自己的專業是撰寫電腦程式，正是競賽會於一九九九年宣布破產後，當年為了義務協助球會撰寫網頁和組織網上社群，才毅然學習這方面的技能。「現時我的公司有大約一百位員工，不僅我的公司合伙人同是球會支持者，其他重要職位的同事也是。你知道嗎？我面試聘請新人時，第一條問題就是：『你支持哪支球會？』哈哈。」

如果阿根廷有平等機會委員會，恐怕要增加一項「球會歧視」了吧？不僅是Ariel風趣幽默，他們夫妻倆都是表情豐富、手舞足蹈。我們邊大口地吃著牛排，邊喝紅酒，飯桌上的談笑風生，親切融洽，令我聯想起意大利的契爺一家。或者這就是他所言，阿根廷人充滿意大利的因子。

「我最緊密的朋友圈子，絕大部分都是競賽會球迷，不少是逾二十年的摯友。然而，這不代表『宿敵』帶著仇恨，只是足球為我們建立了身分認同和圈子。我是不少摯友孩子的教父，但也包括一位獨立球迷的朋友的孩子。」足球帶動身分認同和歸屬感，建立專屬的社交圈子和文化，球會、球場和球衣都是其符號。他們樂於追隨這些符號，原因之一是令組群緊密連結吧。他表示有球迷甚至將女兒的名字改為「天藍白」（Azul celeste bianca）。然後，他笑著示意我將廢物棄置在的紅色垃圾筒內——他家中唯一與獨立隊相同顏色的物品。

「我和 Greta 的相遇，也因為足球。」早於他們相識之前，就各自隨球隊作客各地進場支持。球迷們會一起組織交通、住宿和聚會，因此很自然地慢慢互相認識。他們倆於一次球隊作客聖達菲（Unión de Santa Fe）的烤肉聚會上相遇，此後便一起組織活動、聯繫球迷圈子，兩人也就開始拍拖至今。「我們會為了很多其他的事情爭論，唯獨是球會相關的事情除外。」兩個人的感情經歷的高峰低谷當然很多，足球只是連繫兩顆生命的起點，我在他們的眼中，仍看到十多年前的愛與初心。

探戈

背景音樂播放到「探戈之王」加德爾（Carlos Gardel，台譯卡洛斯・葛戴爾）的名曲時，**Ariel** 笑說：「他是最有名的競賽會球迷！其次就是我。」說著，便牽起妻子的手，步向客廳，微醺的他倆，隨節奏跳起探戈來。我引杯添酒，在昏黃的燈光下，陶醉地看兩人的舞姿。我無法判辨他們的技術水平，僅知他們當下的世界只有彼此。於音樂帶領下，肌膚緊貼、步伐配合、呼吸一致、轉向驟然、表情投入、變化萬千，在熱情的氛圍之中，我看到了阿根廷。

經常聽到老生常談的說法「阿根廷的代表，分別是足球和探戈」。今天我才感受到，兩者其實同為一體。

探戈，就如同現今的阿根廷人，是在這土地上誕生的混血兒。探戈，被視為阿根廷國粹的一種文化，包含音樂（曲、詞、唱、演奏）和舞蹈。一般認為於移民潮期間，由高喬的 Milonga、非洲黑奴的 Camdombe 和古巴的 Habanera，加上意大利和西班牙音樂等元素，共冶一爐而成。隨著探戈音樂漸漸發展，跟探戈舞沒有必然互相依附的關係。探戈音樂雖然也有輕快喜悅的風格，但更為人所知的，是其浪漫或憂傷的旋律，探戈音樂因表達出當時的異鄉哀愁、憧憬落空、愛情失意或孤獨寂寞，引起大眾的共鳴。

探戈舞是兩人的共舞，沒有固定舞步，領舞者依著音樂帶領跟隨者，以特定的身體語言互相溝通，聆聽對方也聆聽自己的身心。因為其即興性，探戈舞被比喻為「對話」，當兩人擁有「語言」中的基本「字彙和文法」後，自能互相「對話」，「對話」中的「內容、題材、語氣」自是各有不同。探戈舞中的邀請方式名為 Cabeceo，音樂開始後，領舞者以眼神示意，邀請心目中的舞伴，四目交投中已心領神會，全程無需話語，含蓄優美。探戈舞有其獨特的擁抱舞姿（abrazo），舞者透過感受對方的重心轉移，作非語言的溝通，兩人的舞姿緊密，胸部臉頰往往十分接近或緊貼，猶如熱戀中的愛侶。

探戈舞者以身體感受對方，進行極細緻的內在交流，從彼此的節奏、呼吸、態度和力量等，感受對方的個性和取態，即使萍水相逢，都能作跨越語言的交心。領舞者的開展、跟隨者的回應，即興的互動，使每次經歷都獨一無二，可一不可再，更甚者是從擁抱中蘊藏內在激烈的對話。無怪乎探戈舞被視為一段「十數分鐘的戀愛」。

●足球與探戈一體

足球與探戈，是長大後失散的孿生兄弟。他們藉移民潮的影響，在位於碼頭的保加區出生，作為低下階層的心靈慰藉。在有限的狹窄環境中，發展出自我的特質，注重個人風格與隨心所欲。

媒體早早就將兩者相題並論。早於三〇至四〇年代，出色的足球員和球隊，就被寫進探戈音樂中歌頌表揚和歌頌。《Angels With Dirty Faces: The Footballing History of Argentina》指出「『機器』並不僅僅被推崇為阿根廷足球發展到當時的一個頂峰，也被看作是整個阿根廷文化的體現。」書中引述「機器」成員之一的 Juan Carlos Muñoz 所言：「跳探戈是最佳的訓練手段。你先保持一個節奏，然後在向前邁前的一刻變化到另一個節奏。你學會控制側面，腰腿都得到鍛鍊。」傳說中的「La Nuestra」，場上的各人只需自由發揮，便能心有靈犀，絲絲入扣。曾幾何時，這對孿生兄弟相輔相承，我中有你。

「La Nuestra」是阿根廷人從未放棄的理想。於六〇年代後，阿根廷球壇陷入身分危機，轉投功利和實用主義的迷茫之時，河床歷年都依然堅守他們的足球哲學。河床並非對「La Nuestra」僅存的守護者，在 César Menotti 帶領下，無論是一九七三年的颶風隊（Club Atlético Huracán），或是七八年在軍政府陰霾下奪得世界盃的那支國家隊，其崇尚進攻的浪漫風格，既再度被比作探戈，也備受群眾的熱愛。當年的領隊 César Menotti 強調他們「代表自由，不是獨裁」，為人民展示原有的「阿根廷之魂」。

拒絕刻板重複、無需宣諸於口，盡情發揮，活出自我，自能互相感受，發揮極致。承傳著克里奧爾人（Criollos）的血液和人性觀，阿根廷的探戈和足球，以個體出發，兩者所追求的美學高度和哲學境界是一致的。

在探戈舞會中，每一對舞者都需遵從跳舞動線（Ronda）逆時針方向前進。一圈的跳舞動線人數過多前，第二圈自然而生，舞者默契地創造和守護彼此的空間。據說在最高質素的舞會中，全場數十位舞者，每一對都各自演繹，每組動作都毫不一樣，但隨著相同的旋律，既與相擁的舞伴連繫，同時跟全場一起共舞。每個即興自主的個人風格，竟融合成行雲流水的整體，如此「神級」的共鳴，或者就是阿根廷始終追尋的人性光輝。然而，個人的極致成為融合的集體，是否只有傳說中「機器」年代的河床可以做到？抑或只是鏡花水月？

●一切的混合與相連

「熱情」在阿根廷不斷被強調和重視，足球、探戈、搖滾音樂以至生活的種種，都不過是他們對生命熱情的載體。阿根廷人經常被視為高傲，在不同的範疇不厭其煩地展示優越感。每當找到機會，他們不僅自吹自擂，更會全情投入，有時甚至不管對錯。躲在自豪感背後的，是哀愁、創傷與悲涼。富饒的大地歷盡災劫，百多年來，無數破滅的夢想，把愁緒沉積在土壤之中。政治動盪、骯髒戰爭、經濟崩潰的無盡循環，恐懼與無力消磨人心，看不到希望和盡頭。活在限制，也活在當下，唯獨緊抱對生命的熱情，才讓他們仍然有力活下去。

正如探戈的親密和內在世界，只有親身感受，才能心領神會。「熱情」是無法從距離中體會的，必須置身投入。然而，投入其中，就得面對受傷的機會。追逐夢想，便將承受落空的可能。酒意推動下，我隨音樂起步，突然悲從中來，悲痛泉湧，寂寞滿溢。是阿根廷的憂鬱，還是自身的遺憾？光影和記憶重疊，幻想與現實穿插，廣場上的舞者、Bar Sur 的幻影、Ariel 和 Greta、黎耀輝與何寶榮、我和妳，都在同一時空中共舞。

阿根廷，悲情的白銀之國，夢想幻滅卻始終追尋的地方⋯⋯

（本文初稿完成於 2021-02-07。）

小保加球迷忘我攀爬鐵絲網和放煙花的畫面，在阿根廷球壇甚為常見。

河床的紀念碑球場位處首都的富人地段。

競賽會忠實球迷 Ariel 的人生各方面幾乎都跟足球有關。

小保加由成立至今，始終留守保加區，以作為勞工階層代表為傲。

阿根廷探戈，一度被視為與其足球一體，也是阿根廷式熱情的呈現方式之一。

貝隆總統球場內，球迷組織的氣勢和巨大直幡，令我嘆為觀止。

二、為甚麼馬勒當拿是神，美斯不是？

阿根廷，是朝聖的國度。她是天主教國家，現任教宗方濟各（Pope Francis）是阿根廷人。然而阿根廷有自己的信仰，有屬於自己的朝聖之地。我滿懷憧憬，終於踏足這朝聖國度，才發現她是我陌生的故鄉。號稱「白銀之地」的阿根廷，似乎從一開始就象徵夢幻與追求。

我為朝聖《春光乍洩》而來，走到世界的盡頭，無法「將不開心留下」；面對伊瓜蘇（Cataratas do Iguaçu）的遺憾，難以「由頭嚟過」。我為朝聖探戈而來，踏著蹣跚步履，抱緊眼前的妳，漠視舞姿毫不優美。我為朝聖足球而來，然而阿根廷人眼中的足球之神，似乎只有馬勒當拿，但我見證過的神蹟只來自美斯（Messi）。

地靈人傑

我朝聖的一站是羅沙尼奧（Rosario），這個地靈人傑的城市，是哲古華拉（Ernesto Guevara，台譯切．格瓦拉）和美斯的出生地。誠然，他們並沒留下太多可見的足跡，這兩位傳奇舉世知名的事蹟都在他國——古巴和加泰隆尼亞。然而，無可否認，阿根廷是他們成長之地，在看不見的生活細節中，小如一草一木、大街小巷，童年時的友儕、周遭的社區鄰里之間，都伴隨其成長。羅沙尼奧溫柔的孕育，成為一切的開端，成就兩人的光輝歲月。

我為了朝聖哲古華拉，先後走訪古巴、玻利維亞及阿根廷各地，輾轉來到他在羅沙尼奧的故居（Casa Natal Che Guevara），這是半生飄泊的他的第一個家。由於其父母時常舉家搬遷，他在羅沙尼奧的生活的時光頗為有限。相比之下，他位於 Alta Gracia 的故居，有更多他從孩童到青少年時代的足印和回憶。現已化身博物館的後者，更因為二〇〇六年卡斯特羅（Fidel Alejandro Castro Ruz，台譯卡斯楚）和查維斯（Hugo Rafael Chávez Frías，台譯查維茲）一同到訪而聲名大噪。

反之，在羅沙尼奧，可供實際朝聖的寥寥可數，他的故居因屬私人物業而不作開放，其他可供朝聖的地點，除了獨立公園中父母抱著嬰兒的他合照的一張長椅、位於 Plaza de la Cooperation 的一幅頭像壁畫、小公園的紀錄銅像等之外，便只有位於河畔的哲古華拉拉丁美洲研究中心（Centro de Estudios Latinoamericanos Ernesto Che Guevara，CELChe）。究其原因，除了因為他的足跡有限之外，更因為過去阿根廷曾經歷軍政府等右翼掌權，自然冷待「社會主義革命英雄」。即使如此，哲古華拉與這個出生城市之間，還有個鮮為人知的連結。熱愛足球的他，是本地傳統左翼球會羅沙尼奧中央的球迷，並從中滋養其浪漫革命派馬克思主義。

至於美斯在羅沙尼奧的足跡，當數羅沙尼奧中央的同城宿敵——紐維爾舊生。我來到比爾沙球場（Estadio Marcelo A. Bielsa），心情已興奮莫名。當我踏足球場的草地，輕撫青蔥的草皮，想像年幼的美斯嶄露頭角，為日後的一切揭開的序幕。

我在球場中央抬頭望天，天空見證這片因緣之地。紐維爾舊生和巴塞隆拿（Barcelona），是唯二兩代球王都曾經披甲的球會。一九九三至九四年，馬勒當拿於其球員生涯晚期，曾短暫加盟紐維爾舊生。在歐洲失意的球王，重返阿根廷時，仍受到萬千追捧。可惜結局卻未如人意，虎落平陽的他因為紀律和狀態，只為球會踢了數場便黯然離開。三個月後，不足七歲的美斯加盟，時間巧合得彷如靈童轉世。

我細看球場上每一個細節，包括草地、看台和觀眾席等，想像這地方所盛載屬於他倆各自的回憶。它只是馬勒當拿的過客、是美斯的起點，潦倒的老王最終敗興而回，年輕的儲君開始闖蕩江湖。

我走到球會建築物的一處長廊，左旁是獎盃櫃，右邊的牆身掛上鑲起的歷代球星簽名球衣。獎盃櫃內的珍藏難言豐富，但球會歷史不乏赫赫有名的球星。華丹奴（Jorge Valdano）、巴迪斯圖達（Gabriel Batistuta）、森美爾（Walter Samuel）、麥斯洛迪古斯（Maxi Rodríguez）、普捷天奴（Mauricio Pochettino）等，都在這家擅於青訓的球會開展職業生涯。吸引我注意的，還有長廊中間的長桌和小椅子，不知是否就是小球員聽取戰術的空間呢？

球會內還有一個室內足球場，場內幾位小孩在踢球，玩得不亦樂乎。我在觀眾席看了良久，想像眼前的孩子，會否成為下一位美斯。然而，也許沒有人想要成為「下一位美斯」，就正如美斯本人也一直活在「馬勒當拿接班人」的陰影之下。

我走到球場的外圍，工人正在懸掛幾幅巨大的球星直幡。即使其加盟距今已十多年，馬勒當拿仍然高高在上，反之放在地上的美斯直幡則尚待歸位。另一邊廂的牆上，是大型的馬勒當拿壁畫。壁畫中的「D10S」，意指將其10號球衣融入西班牙語的「神」（DIOS）一詞之中。即使他從未在這球場上展現靈光，他仍然被尊為「神」，因為這裡是阿根廷。他是阿根廷的足球之神！

馬勒當拿 vs 美斯

一幅外牆的壁畫，絕不足以說明馬勒當拿在阿根廷的地位。足球於南美，媲美甚至超越傳統宗教。足球史上公認的兩大球王，是巴西的比利（Pelé）和阿根廷的馬勒當拿，其後還有不少曠世奇才，都配得上「球王」美譽。然而，在阿根廷，甚至有狂熱球迷，成立了「馬勒當拿教」（Iglesia Maradoniana），奉其自傳為《聖經》，對他的頭像頂禮膜拜！

到底是甚麼原因，令一位出色的足球員被「神化」至此？

馬勒當拿八歲時加入小阿根廷人（Argentinos Juniors）其下的少年隊小洋蔥頭隊（Cebollitas），並憑著他過人的天賦備受關注。他十歲的時候，已多次在甲組聯賽的半場休息和電視節目上表演其個人技術，也開始被傳媒吹捧為「神童」。一九七六年，快將十六歲的他創下阿根廷頂級聯賽最年輕上陣紀錄，一個月後取得首個頂級聯賽入球，數月後便已代表國家隊出戰。儘管這位明日之星當時已經人氣急升，他最後還是被剔除於一九七八年的世界盃大軍。無法參與阿根廷首次歷史性奪冠令年輕的準球王耿耿於懷，但仍無阻他茁壯成長。

七九年他協助阿根廷奪得世青盃冠軍，並成為該項賽事最佳球員。七六至八一年間，馬勒當拿為小阿根廷人出賽一百六十七場射入一百一十五球。八一年，二十一歲的他加盟傳統勁旅小保加，並以亮麗的表現為球會奪得聯賽錦標。然而，在他領軍之下，以衛冕身分出戰八二年世界盃的國家隊，只能在次圈出局。

由於他感到在國內備受壓力，加上小保加財困嚴重，這名球星於八二年夏天踏出他的歐洲足球生涯。滿懷大志的巴塞隆拿希望藉羅致馬勒當拿，打造球會在後佛朗哥（Francisco Franco）時期的盛世。可惜，事與願違，紀律差勁和傷病頻仍的馬勒當拿，兩年間只為這家球會贏得國王盃及西班牙超級盃各一。八四年國王盃決賽，對陣畢爾包（Athletic Bilbao）後的毆鬥，成為他身穿巴塞球衣的最後一幕。

馬勒當拿遂以破當時轉會費紀錄，加盟意大利南部球會拿玻里（S.S.C. Napoli）。他以直升機降臨球場、接受七萬多名球迷歡迎的畫面，彷彿預演他作為救世主的地位。相信沒有多少人會預計到，天才橫溢的他，會在這家成績平平的南意球隊攀上其職業生涯的頂峰。

八六至八七球季，是馬勒當拿展開封神之路的一年。他先於八六年夏天，帶領阿根廷過關斬將，勇奪世界盃冠軍。賽季完結時，他為球會成為歷史上的聯賽冠軍，再在意大利盃加冕成為當季的「雙冠王」。在拿玻里，他以壓倒性表現俘虜無數當地球迷的心。八四至九一年的七年間，他為球會奪得兩屆意甲聯賽冠軍、意大利盃、意大利超級盃和歐洲足協盃各一。此期間，還帶領國家隊於九〇年世界盃奪得亞軍。

馬勒當拿的職業生涯晚期並不光彩，其紀律、私生活以至個人品格皆為人詬病。九一年三月，馬勒當拿被驗出對可卡因（Cocaine，台譯古柯鹼）呈陽性反應，被罰停賽十五個月。落難的球王輾轉加盟西維爾（Sevilla FC）、紐維爾舊生和小保加，艱難且斷斷續續地延續其球員生涯。期間他雖曾出戰九四年世界盃，卻於首戰後再次藥檢失敗，以近乎最羞恥的結局離開這國際大舞台。九七年，無復當年勇的球王，再次被驗出服食可卡因，終於於其三十七歲生日當天宣布退役。

滿懷民族優越感的阿根廷人，急需尋覓下一位救世主，以致對其後不少的天才球星，都急欲尋找其與球王特徵相近之處。但凡遇見新星擁有身材矮小、球技精湛、靈活高速或傳送獨到等其中某種特質，都會被近乎自欺欺人地與老球王之名連繫起來。加拿度（Marcelo Gallardo）、奧迪加、列基美、艾馬、沙維奧拿（Javier Saviola）等球星，都先後被證實並非「新．馬勒當拿」。直到美斯橫空出世，阿根廷人似乎終於等到「最接近神的男人」。

如前所述，美斯以不足七歲之齡加入紐維爾舊生的少年隊，此後數年在各級別的少年隊賽事呈橫掃千軍之勢。憑其超人的技術和盤球，嶄露頭角的他得以在甲組聯賽半場時表演球技，加上後來他父親將他的球技拍成短片以尋求加盟大球會的機會，兩代球王的成名之路的確甚為相似。不同的是，美斯早於成名之前就已經離開阿根廷踏足歐洲。

眾所周知美斯的成長之路絕不輕鬆，他於十歲時只有一點二五米高，與同齡球員相差甚遠。他被確診患有生長激素缺乏症，為應付這「長不高」的罕見病患，他需要持續接受荷爾蒙注射治療。然而，治療費用高達每月一千五百美元，紐維爾舊生只承諾負責部分開支，對美斯家人來說仍是無法承擔，更遑論球會的承諾未有兌現。美斯的家人曾到河床叩門，但沒有球會願意為一名年少的小個子冒險。事實上，整個阿根廷球壇（以至社會）都面臨嚴重的財困和欠債問題。最後，巴塞隆拿輾轉之下，終願意為這名天才支付醫療和生活開支，並替其父親安排工作，十三歲的美斯離鄉別井加入巴塞隆拿青年軍。

年少的美斯需要獨自適應國外的新生活，足球讓他在拉瑪西亞營（La Masia）站穩陣腳。他和碧基（Gerard Piqué）、法比加斯（Cesc Fàbregas）等未來球星，組成的「87一代」所向披靡。備受期待的美斯，終於在〇四至〇五球季首次在西甲上陣，並於同季取得首個西甲入球，兩者皆打破當時球會的最年輕紀錄。朗拿甸奴（Ronaldinho）為他的首個聯賽入球送出助攻後，揹著他一起慶祝的畫面，令不少人難以忘懷。

〇五年夏天的世青盃，美斯進一步向世人展示其潛力。他帶領阿根廷奪冠之餘，自己亦囊括當屆世青盃金球獎和金靴獎，令人聯想起七九年的馬勒當拿。無獨有偶，兩人首次為國家隊上陣的賽事，對手都是匈牙利，然而國家隊首演的分別似乎也預視了兩人的未來。美斯上陣四十七秒便被誤判紅牌出場，是他職業生涯至今唯二的「領紅」。

二〇〇七年，美斯先於三月在「西班牙打比」連中三元。四月的國王盃對基達菲（Getafe CF）賽事，他射進獨自扭過五個對手的驚世入球。在重演老球王的世紀金球之後兩個月，他對陣愛斯賓奴（RCD Espanyol）時又複製了「上帝之手」，很難相信他是無意為之的。此賽季後，美斯已入選為歐洲足球先生和世界足球先生的三甲之列。他完美地接過馬勒當拿接班人的稱號，之後的任務就是要超越前者，可惜他似乎未能完成這個任務，或者永遠也不能完成。

自此之後，球壇正式進入美斯與C朗拿度（Cristiano Ronaldo）的年代，美斯包攬無數的榮譽，不斷刷新球壇的紀錄。直至二〇二一年，美斯為巴塞隆拿奪得四十五項冠軍，包括二〇〇九年「六冠王」、一一年和一五年兩度「五冠王」。自從他奠定球隊位置以後，多年來穩定地交出超人的表現，長期入球和助攻數字高企。被他打破的紀錄多不勝數，包括一二年單一年度在各項賽事射入難以置信的九十一球、西甲累積最多入球、西甲累積最多助攻、西甲累積最多帽子戲法、歐聯單場射入五球、阿根廷國家隊累積最多入球等。驚為天人的數據與表現，為美斯贏得破紀錄的六座金球獎，也令關於他的討論，由跟前球王的比較，延伸至「GOAT」（Greatest of All Time）。

然而，令人煩厭的比較仍然沒有休止。人們總是指美斯在國家隊的成就遠不及前球王。曾於〇八年奪得奧運冠軍的他，早於〇六年世界盃便已入選，卻多年未能為阿根廷奪得正式大賽冠軍，一四年世界盃與其後兩年的美洲國家盃，連續三年國際大賽決賽飲恨，既令他心碎，也讓輿論指責他欠缺在關鍵時刻挺身而出的風範。即使於二一年夏天，他終於以最佳球員身分，為阿根廷贏得美洲國家盃，批評之聲仍舊不絕。有人說，比起老馬，美斯只欠一個世界盃冠軍，事實絕非如此。

「為甚麼馬勒當拿是神，美斯不是？」這條問題表面上只關乎足球，實際卻是關乎整個阿根廷，我尋訪全國各地希望尋求答案。

時勢造神

我來到盛產葡萄酒的門多薩（Mendoza），這個連快餐店都會供應紅酒的城市，每年都會舉辦葡萄酒節、葡萄酒皇后選舉等，是不可錯過的旅遊城市。然而，除了酒莊之外，也有不少值得參觀的地方。位於聖馬丁將軍公園（Parque Gral San Martin）內的馬爾維納斯球場（Estadio Malvinas Argentinas）是其中之一，也是我要尋找啟示的地方。

這個全國第四大的球場，原名為門多薩市球場（Estadio Ciudad de Mendoza），於一九七六年開始興建，為七八年世界盃的比賽場地之一。我在非比賽日前往參觀，球場設有一天數團的導賞可供參與。球場內的展館，兩張等大的巨型相片，醒目地分別展示出馬勒當拿和美斯在這個球場的作賽紀錄，將兩人的直接比較，不言而喻。旁邊是一系列較為老舊的黑白相片，展示球場的興建過程和比賽的開幕式。以西班牙語紀錄的文字，反映本球場為七八年世界盃而興建，並於二〇一一年進行翻新。然而，那些文字大概沒有詳述當年的背景。

●軍政府利用民族主義

一九七六年，軍政府發動政變，推翻伊莎貝爾．貝隆（Isabel Martinez de Peron），竊取權位。軍政府上台後，為鞏固其非法政權，傾力推動兩項「計劃」，前者是美名為「國家重建過程」（Proceso de Reorganización Nacional）的國家恐怖主義；另一項「計劃」，是大力渲染民族主義，並希望藉主辦一九七八年世界盃之機，將民族主義推往高峰。非法政權企圖軟硬兼施，大肆殺戮以滅絕異見者，鼓動民族主義圖轉移視線，以達「滅聲」之效。

軍政府為主辦世界盃，動用七億美元，逾國家開支的十分之一。對於深陷經濟危機和動盪不安的阿根廷而言，是一筆荒謬的巨款，且別談軍人中飽私囊的部分是如何難以計算了。軍政府深明主辦成功的世界盃，對其政權而言何其重要。他們既將國家隊塑造成為人民英雄，又無所不用其極地企圖讓國家隊更進一步，包括小組賽與秘魯之間的「默契賽果」醜聞、故意讓決賽對手荷蘭隊在賽前受滋擾等。

可悲的是，足球再次成為獨裁者的工具，氾濫的民族主義掩蓋公義人權的抗爭。當隊長巴薩里拉（Daniel Passarella）從軍政府元首魏地拉將軍（Jorge Videla，台譯魏德拉）手中接過世界盃獎盃，群眾上街狂歡地慶祝歷史上首個世界冠軍時，整個國家似乎突然忘記正經歷被稱為「骯髒戰爭」的黑暗，每天都有人「被消失」、被虐待至死。

現已改為人權紀念館的前海軍機械學院（Escuela de Mecánica de la Armada，ESMA），是其中一個不分晝夜虐待異見者的酷刑所，位於當時舉行決賽的紀念碑球場不足一公里。我無法想像，當年身處這地獄中的受虐者，如何面對舉國歡騰的歡呼聲……

馬勒當拿就在這荒謬的民族主義浪潮下，逐漸化身成為民族英雄的代表。沒有入選七八年大軍的馬勒當拿，並未收割白色恐怖下的世界冠軍，但於其時崛起的他，確是軍政府渲染民族主義下的受益者。七九年奪得世青盃冠軍後，他受到軍政府的款待，後者不遺餘力地打造他作為國民模範的形象。隨著政權、媒體不斷的吹捧，軍政府甚至需要反過來利用他的英雄形象，經典畫面當數八二年元首加爾鐵里將軍（Leopoldo Galtieri）在鏡頭前擁抱馬勒當拿。

我來到展館一隅，眼前是甘巴斯（Mario Kempes）慶祝決賽入球的相片，今天看來，實在是百感交雜。

●「外敵」英國

當一個政權，越不合法、越獨裁，便越會利用民族主義。他們往往利用歷史上的民族自卑感的弱點，激發民族優越感的追求，將「民族」、「國家」與「政權」偷換概念，只強調「國家強大」，漠視個體以至人權的重要性。一九八二年，面對嚴重經濟危機和國內長期抗爭，已是強弩之末的軍政府，選擇繼續煽動民族主義。政權無力解決民生問題、社會矛盾，只懂製造民族主義的共同敵人，企圖使所有槍口對外。納粹德國如是，阿根廷軍政府如是，當今亦有政權如是。

最適合擔任「外國勢力」一角的，當然是英國。英國人自十九世紀初，受阿根廷移民政策吸引，開始湧入阿國。他們憑著雄厚資本、技術和人脈，發展成極大影響力的階層。二十世紀初期，阿根廷的經濟很大程度由英國人操控，他們以大莊園地主、銀行家和資本家等身分，掌握金融體系、鐵路建設和各大企業，在政治上極具影響力。直到三、四〇年代，民族主義進一步提升的阿根廷人，越發不滿這種經濟殖民的狀態，認為「移民殖民主義」損害阿根廷的利益和發展。自此，阿根廷人面對「經濟宗主國」始終帶點不忿和自卑感。

在此背景下，早於貝隆首次當權後，便重提與英國之間的領土爭議——他們的馬爾維納斯群島（Islas Malvinas），即英國稱為福克蘭群島（Falkland Islands）之地。自阿根廷建國以來，已聲稱擁有馬爾維納斯群島的主權，並持續向國際申訴。英國則主張該國為福克蘭群島的最早開發者，且自一八三三年起已擁有該地的實際控制權。英國曾嘗試就移交群島主權提出方案，但雙方的談判並不順利。急欲鞏固政權的軍政府判斷形勢，以為成功「武統」馬爾維納斯群島，就能夠重奪威望，遂於一九八二年四月貿然出兵群島，並於短短兩個月後已慘敗投降。

當時自信滿滿的阿根廷國家隊，攜同宣示主權橫額出征西班牙世界盃。球員在抵達言論自由的「牆外」後，才驚覺祖國已經節節敗退。首次由馬勒當拿領軍的決賽周，亦只能第二輪小組賽出局。

戰敗後的阿根廷，只能以輿論戰繼續宣示主權。一九八二年戰敗後，他們將門多薩市立球場改名為馬爾維納斯球場（Estadio Malvinas Argentinas）。他們以發行郵票、對內外文宣等持續表態，堅稱「馬爾維納斯群島是屬於阿根廷的」的標語或圖像，至今仍遍布全國。

●烏氣難吐

馬島戰爭中潰敗，衛冕的國家隊鎩羽而歸，高舉的民族優越感一下子被掏空、無處容身。錯誤押注的軍政府，隨即於一九八三年倒台，回復民主政權的阿根廷百廢待興。阿根廷作為由移民及後代建立的國家，是名副其實的民族和文化熔爐。在國家發展過程中，阿根廷的民族身分認同和足球風格的確立，很大程度是建基於與英國作為「他者」的比較而來，這從其對英國的「情意結」之中充分反映。

在足球層面上，阿根廷一直對英國有一份執著，這與面對「前經濟宗主國」的自卑感有關，彷彿擊敗傳入足球的始祖，就能證明自己已經勝過大不列顛。根據著名體育記者 Jonathan Wilson 書中所述，一九五一年兩國進行友誼賽時，阿根廷媒體以「已經等了整整五十年」形容，反之對方卻不以為然。

阿根廷人對於英國一九六六年世界盃奪冠一事，也耿耿於懷。不少人認為，若非隊長拉廷（Antonio Rattin）於八強戰早段極具爭議的被逐離場，英國也未必奪冠。賽後雙方發生衝突，兩國正式在足球場上結怨，球證公然偏幫主辦國的陰謀論也隨之而起。然而，儘管阿根廷自三〇年代起已自詡為世界前列，但他們不僅直到一九七八年才能登頂，連唯一坐上寶座的一刻，都被軍政府醜聞所籠罩。阿根廷人心知肚明，那「冠軍」並不光彩。

民族主義的加持、馬島戰爭的潰敗，種種鋪陳下，馬勒當拿終於在一九八六年得到「封神」的時機。命運之神早已安排好祭壇，而他也著實地好好把握。他先以手球懲罰一直佔己國便宜的強國，再憑一己之力，從半場開始個人表演式連過數人，射進史上屈指可數的「世紀金球」。既有取巧，也具實力，他以最能令人氣結又啞口無言的方式懲罰對方。終於，有人對外一吐烏氣！也許在阿根廷人眼中，沒有比更好的方式對付英國了。他在賽後稱之為「上帝之手」，他的同胞毫不介意他以欺詐報復英國長期以來的「偷竊」。他充滿象徵意義的挺身而出，極佳地回應阿根廷人內心的無力感。當全國見證技術高超的矮小球王，在球門前高高躍起時，剎那間都看見他背上插著一雙翅膀。

階級代表

我來到首都的保加區，繼續尋找馬勒當拿的足跡。他出身於小阿根廷人，也踢過班霸如巴塞隆拿，但他球員生涯的成功，得力於兩個「正確選擇」，分別是小保加和拿玻里。

● La boca 遊覽與真實

「Boca」的字面意思是「口」，作為這個位於 Río Matanza 河口碼頭區的命名。保加區是布宜諾斯艾利斯最具歷史意義的地區之一。十九世紀中葉至二十世紀初，阿根廷急欲吸納勞動人口，大力開放移民政策。歐洲多年戰火頻仍，加上工業革命後的經濟衝擊，令大量移民湧入阿根廷。這批移民來自歐洲各地如意大利、西班牙等，尤以熱拿亞人佔大多數。他們懷著另覓樂土的夢想來到，卻並未得到預期中的支援，只能依附在抵埗後的碼頭區，任職艱辛的勞動工作，如碼頭工人、水手等。

大量貧苦的移民在保加區聚居，他們只能以被棄置的鐵皮、鋅板和木材等，搭建成簡陋居所。船隻剩餘的油漆成為裝飾的唯一用料，有限的油漆反倒造就用色豐富的獨有景致。一八七〇年代，黃熱病流行，中產及富人逃離保加區。他們遺下的住所，成為低下階層共住的大雜院（Conventillo）。數百人密集地共住，一起使用大雜院內的廚廁，甚至連床位，都按日夜班輪睡。密集和惡劣的居住環境，日以繼夜的超長工時，令酒館和妓院等成為他們僅有的心靈出口。保加區由此漸漸孕育出獨有的社區文化，並成為探戈的發源地。

生活困苦，卻造就其團結性。這個為世人所棄的社區，甚至曾於一八八二年一度宣稱獨立，對貧富不均發出一聲吶喊。由於該區治安惡劣，警察消防都退避三舍，居民又於一八八四年起，自發組成義務的消防隊。保加區似乎有種「窮人自救」的精神傳統。

我來到由數條街組成的 Caminito 大街，波浪紋的鐵皮外牆抹上不同色彩，遠看已見七彩繽紛、奪目耀眼。彩色的外牆，配襯老舊的木門和窗框，加上彎曲的吊燈，有如置身一幅大膽的畫作之中。黑色石板街道上遊人如鯽，在攤販前購物、在欣賞畫家現場作畫、在紛紛拍照留念。我轉入改建後的一所大雜院內，兩層高的建築物以木樓梯連接，中間掛著略嫌造作的衣物，暗示當年的共居生活。各家小商戶出售手作或紀念品，「文青」氣息甚濃。街上一對探戈舞者招搖地表演維生、遊人在露天茶座呷著咖啡、陽台上名人雕像向人們招手，熱鬧繁華、欣欣向榮。

然而，眼前的色彩與平和，根本就是一場虛幻。生於斯長於斯的畫家 Quinquela Martin 於五〇年代發起以藝術活化社區、再現保加區特色的行動，成就今天遊客「打卡」必到的景點。步出小小的遊客區以外，才是真正的保加區。我在當地友人陪同下，才敢走出安全地帶。哪條街安全，哪裡已開始危險，只有當地人才知道，這是拉美旅行的原則。甫步出遊客區，氣氛已全然不同，總覺得有雙眼睛對我虎視眈眈。空氣傳來發臭的酸味，路旁和眼前都是垃圾，部分建築物仍畫有塗鴉，但許多波浪紋的鐵皮上只見鏽色。遊客目光以外的街道小巷，貧窮和治安問題從來沒有多少的改善。破舊、骯髒、擠迫、危險，艱辛的低下階層生活，依然不美麗。

●小保加作為基層球隊

座落在 Caminito 大街附近，是小保加的主場 Estadio Alberto J. Armando。黃藍雙間的球場，是球會球衣的顏色，亦早已成為保加區的顏色。我在巨大的會徽下經過，興奮地步入球會博物館。入口處的迴廊星光熠熠，細數球會歷史上的各大名將，馬勒當拿的銅像雖然矮小卻格外耀眼。博物館的一隅，連接著三個大螢幕的超闊畫面，與我共享小保加球迷難忘的共同回憶。

我終於步出球場，看到著名的「糖果盒球場」的真身。球場的設計獨一無二，三面是傳統階梯型看台，形成馬蹄型，唯獨餘下的一面，是如一幅牆般垂直而建的看台連數層包箱。這個有趣的外型，為它帶來「糖果盒」之名。作為球壇聖殿之一，這裡比我想像中細小得多，而且隔著鐵絲網，也令距離感大增。我面向的看台，正是球迷組織「第12人」的據點。我想像比賽期間，看台上化成一片黃藍彩帶海洋，球迷聲嘶力竭地高唱躍動，有的甚至爬上鐵絲網。我幻想馬勒當拿當年神乎其技的表現，結合小保加球迷全場的鼓動吶喊，整個球場頓時為之震動，震撼久久不散。

小保加自一九〇五年由五名意大利移民所創立以來，一直留守該區，以堅持代表工人階級為傲。它與代表中產和富人的球會河床鬥爭，被稱為「阿根廷打比」，兩者代表的階級之爭，呈現體育與社會的結合。踢法強悍、具侵略性、注重力量，展現不屈不撓的鬥志，是小保加多年的球風，也是它所代表的精神。它是屬於保加區的球會，更是屬於低下階層的球隊。

●馬勒當拿的出身

明白馬勒當拿的成長背景，才能理解他的個性因由，也會同意他跟小保加的匹配。馬勒當拿的父母皆是勞動階層，比他年長的還有三位姐姐，生活拮据，不得溫飽。年少時的他在 Villa Fiorito 的貧民窟成長，他的「家」是一個沒有水電供應，勉強搭蓋而成的窩棚。他在充滿貧窮和暴力的「三不管」地區長大，見慣罪惡、疾苦和醜陋，也令他學會名為「Viveza」這種窮人不惜使詐的生存智慧和意志。他從不以其出身為恥，反之他強調出身寒微才成就後來的自己。

鋒芒初露後，他自十五歲起便已肩負起養家的重任。他說過，他踢球的初衷，是出於買大屋給父母的希望。這個不修邊幅、充滿街頭色彩的窮小伙，帶給為數眾多的工人階級很大的親切感。當看見他身穿小保加球衣，周旋對手之間、力抗壓迫侵犯，屢屢殺出重圍，毅然奠定勝局的身影時，群眾彷彿看到了自己。他們看到生活在社會矛盾，終日在低層中打拼的自己。在幻想之中，他們都希望憑雙手改變命運。只是他們並沒有超人的能力，只好將一切都付託於眼前的天才。馬勒當拿深受歡迎，是因為他代表低下階層，一直是他們的一分子。

同樣的原因，也令馬勒當拿在拿不勒斯（Napoli，台譯拿坡里）「封神」。自從意大利統一以來，意大利長年處於南窮北富的不平衡狀況，南意人被視為「粗野、懶惰和愚蠢」，被不少北意大利人歧視。他加盟拿玻里球會以後，為這隊曾在護級區掙扎的球隊帶來蛻變。他為拿不勒斯留下的，遠不止獎盃櫃中的突破和亮麗的數據，而是南意大利人苦等的榮耀和尊嚴！他為拿不勒斯人創造許多歡樂、驚喜與激情的周末。那些年，他們終於可以昂首挺胸地反擊北意人的白眼。這位來自阿根廷的球王，一圓許多人一生的夢想。

時至今天，我們仍可在拿不勒斯的市集中，找到不少他的模型、磁石和周邊產品。每隔數間店鋪，便可以看到他的身影，不論是薄餅店、咖啡廳、鞋舖、水果檔等，都貼有馬勒當拿的海報。舊城區的一家咖啡店的門外，仍舊安放屬於他的「神壇」。

馬勒當拿說過，希望他的足球能為弱勢帶來快樂。與貧民共同奮鬥、替南意盡吐烏氣、為一無所有的弱者打破歷史，這種階級間的鋤強扶弱，並非為巴塞隆拿贏盡一切的美斯可比。

●左翼和反體制

早已因足球而脫貧的馬勒當拿，雖然曾被質疑暴富和揮霍，但其「反體制」的形象深入民心。他雖然遠非理念清晰的政治家，但因其「球王」地位而有巨大的政治潛力。退役後的他雖然問題纏身，但受時任古巴領袖卡斯特羅啟發，與委內瑞拉前領袖查維斯等人，漸漸成為拉美左翼勢力的精神領袖之一。他承襲拉美左翼的意識形態，積極鼓吹「反美、反帝國、反全球化」的主張，並堅持為弱勢主持公義。

他在個人節目和公開場合中，屢屢發表政治立場。他曾經因為不恥政權迫害西藏，拒絕為北京奧運作足球評述。

二〇〇七年，國際足協提出針對高原球場的禁令，馬勒當拿特地與玻利維亞總統莫拉萊斯，在該國首都進行友誼賽，以示對健康無虞。（曾在這球場作賽時嘔吐的美斯，不知是否同意？）凡此種種，都加強他關心社會和為弱勢發聲的形象。其實，美斯也並非對人權、公義和國際大勢無動於衷，他曾經拒絕在以色列進行友誼賽，為其「建國七十周年」作政治宣傳。然而，相比高調敢言的老球王，身負無數贊助商壓力的美斯，似乎始終無法道出背後的真正原因，其個人形象和影響力自然亦不可同日而言。

●貝隆夫人墓與神化過程

走著走著，我來到雷科萊塔國家公墓（Cementerio de la Recoleta）。這個建於一八二二年的公墓，堪稱重要性首屈一指，不少載於史冊中的名人貴族，以至多任的總統、副總統也都安葬在此。公墓的入口，有如高聳的城門，四條新古典主義的石柱夾著三扇黑色鐵閘，平頂上的「Requiescant in pace」，正式引領我進入鬧市中的另一世界。公墓佔地甚廣，就如是迷宮。身旁的遊人手執付費地圖，打算來一趟「公墓定向」。我選擇隨緣飄盪，邊走邊看。公墓的規模，尤如一個小鎮，街廓甚至有「街名」，每個陵墓都寬敞如一間小屋，只差你不會走進去拜訪。

這裡非但沒有陰森可怕，反倒有種寧靜，就似墓園裡眾多的天使雕像正在默默守護。公墓也是藝術和博物館的結合，陵墓都各有特色，細緻的雕像、墓碑上的字體、多元的建築風格，無不令人目不暇給。這個「貴族公墓」，更是本國的歷史。安葬的逝者非富則貴、或是重大貢獻者，除了如前所述的政治要員外，還有聖馬丁之妻、拿破侖的孫女、諾貝爾獎得主、創下歷史任務的醫生、拳手、神父和詩人等等。長眠於此的眾人，既寫下了個人的人生，也合編出阿根廷的故事。

「合編者」之中最具名氣者，相信是舉世知名的貝隆夫人——伊娃·貝隆了。她的陵墓相對平實，談不上華麗，但陵前奉上的鮮花長年盛放，從不凋零。她被尊為國母，是阿根廷史上最具影響力的傳奇女性，國民暱稱她為「Evita」，她是家傳戶曉的神話，被「神化」的另一個極致。[1]

伊娃的出身難言光彩，作為父親的私生女，她與被拋棄的母親，歷盡貧困和歧視，自幼飽受苦頭。為了扭轉命運，她離開家鄉，到布宜諾斯艾利斯闖蕩，輾轉投身演藝事業，漸活躍於電台節目。直至她遇上人氣急升的貝隆，兩人火速成婚，如魚得水。伊娃憑出色的感染力和個人魅力，成為「貝隆手中的皇牌」。貝隆自一九四六年首度當選總統後，她以第一夫人的身分展開被稱為「彩虹之旅」的歐洲訪問，其後又藉「伊娃・貝隆基金會」（Eva Perón Foundation），大力投身慈善活動，人氣與日俱增，成為貝隆連結和籠絡群眾的關鍵。

伊娃不僅每天花數小時接見貧民和弱勢，對群聚也親近關切，她輕撫貧民、親

1 Evita：由 Eva 一字演變而成，在西班牙語中是種親切可愛的稱呼，就如同香港人暱稱周庭為「周庭 BB」。

吻病患的畫面，在許多人心中有如人間天使，其宗教聯想，也成就她日後的「神化」與「封聖」。她被視為爭取阿根廷女性投票權的推手之一，深獲基層、工會、女性和弱勢擁戴的她，風頭甚至蓋過總統貝隆，一度被群眾要求她出任副總統。可惜，紅顏薄命，正值高峰的她卻悄然油盡燈枯，於一九五二年因癌症離世，芳齡只有三十三歲。政權為她進行國葬，其時舉國哀悼，數以百萬人上街送別這位「國家精神領袖」。她離開人世，同時升上神壇。

伊娃．貝隆一生傳奇，她表現出政治領袖罕見的熱情、親切和真摯形象。她出身貧苦卑微、教育程度不高，為弱勢發聲、與民眾同在，正是「你們的苦楚，我嘗試過；你們的貧困，我經歷過」的魅力，聯繫許多在無望中艱難奮鬥的貧民的心。即使她存在無數爭議或負面評價，例如她的私德、對珠寶的愛好和並無推行具體德政等，都無阻她的人氣。

她和他的「神化」之路，實在有幾分相似。

文化追尋

若說對伊娃・貝隆的質疑未有定論，馬勒當拿的醜聞則已是證據確鑿、街知巷聞。有趣的是，馬勒當拿的爭議性，可能恰恰也是他被「神化」的原因。

● Pibe 文化的建立

Jonathan Wilson 在《Angels With Dirty Faces: The Footballing History of Argentina》一書中，反覆地提及「Pibe」（頑童／小子）形象和其文化影響力。二十世紀初期，阿根廷經歷移民潮和急速城市化，社會形態和人口結構劇變。這個新興的國家，急需從不同的血緣、階級和文化之中，定義「阿根廷人」的共同身分認同。曾經作為民族性格指標，高喬人的草原形象早已不合時宜，足球作為當時崛起的極受歡迎的運動，建構「具代表性的足球員」形象，正好取而代之，成為新的民族標誌與符號。

由於當時足球以至社會的英國元素甚重，強調本土元素與拉丁特質，成為「民族身分形象」的重要構成。著名足球雜誌《El Gráfico》在建構過程中不遺餘力，他們致力確立「足球不止於娛樂，而是具有深度和價值觀追求的文化活動」的地位。

在尋索「自我」的過程之中，英國便成為「他者」的角色。許多「屬於阿根廷」的特質，往往建基於「英國特質」的對立。當英國球風被視為機械化、重視體育精神和集體主義；克里奧爾人的球風則是藝術性、熱切的求勝心和個人化。比起英式的長傳急攻，細緻的短傳、熟練的盤球和出色的個人技術，才是屬於拉布拉他河（阿根廷和烏拉圭）的作風。

筆名 Borocotó 的《El Gráfico》編輯 Ricardo Lorenzo 於一九二八年提出為「盤球者」樹立雕像。他細緻地描繪心目中「盤球者的形象」：他是一個 Pibe，外表滿臉骯髒、混亂得難以梳理的頭髮、衣裳破舊不堪、赤腳或鞋子破洞、齒頰間還留有隔夜的麵包碎，然而目光如炬、眼神中聰慧且狡猾，踢著一個破布球。Pibe 將文化底蘊裡對童真的推崇和留戀形象化。Pibe 是長不大的孩子，是靈活狡猾和貧窮版的小飛俠（Peter Pan，台譯彼得潘）。

「足球也被確立為一種可以讓童年永駐的運動，是對頑童氣質的固化，踢球者因此被免除了（成人的）責任——甚至可以說是受到鼓勵，永遠不要長大成人。」（Jonathan Wilson）

與之互為因果的，是特有的環境因素，拉布拉他河的足球精髓是閒置空地（Potreros）。空地與街童建立的足球，隨意、混亂且競爭劇烈，要在凹凸不平、狹窄擠擁的空間裡享受並脫穎而出，就必須有靈活的頭腦、高超技術和街頭智慧式的使詐。比起正規紀律的英式校園足球，空地足球強調無必然性、自由自在、隨心所欲。

Pibe 叛逆的靈魂馳騁在空地上，盡情發揮天賦、靈活展現智慧，充滿個人色彩、熱情洋溢，這是阿根廷自身的定性，是民族性的想像與追求。那些年，無數滿懷理想的心靈遠洋來到，最終被現實所困，只能過著枯燥的勞工生活。然而，他們沒有放棄希望與理想，政治、文化和足球亦然。他們相信，只要抱有熱情、盡展天賦，他們最終能達成夢想。

●探戈和電影中的 Pibe

Pibe 文化深入民心、代代相傳，包括電影、探戈和足球等，都在共同塑造和推崇 Pibe 的形象。

一九四八年，經典足球電影《破爛足球》（Pelota de Trapo），講述一位空地踢球的 Pibe 成為球星，最後選擇為國家隊冒著心臟病發的風險上陣。四九年的電影《同一種色彩》（Con los mismos colores）則記述迪．史堤芬奴（Alfredo Di Stéfano）、Mario Boye 和 Norberto Méndez 三名球員從草根成長為球星之路。在云云與足球相關的探戈音樂中，一九四二年的探戈名曲《孩子的夢想》（El sueño del pibe），描述一位 Pibe 受球會邀約試訓，感到快將夢想成真的雀躍。

球壇對於許多天才橫溢的球星的評價，都以 Pibe 的形象作為標準之一。阿根廷人對 Pibe 特質近乎痴迷地崇拜，也早已習慣天使的墮落。四〇年代是河床隊史上的高峰，他們憑藉被喻為「機器」的攻擊組台所向披靡，他們貫徹「La Nuestra」的風格，並以此為傲。「機器」成員之一莫雷諾（Jose Moreno），被指夜夜笙歌、過度放縱，因而影響其成就。五〇年代競賽會前鋒哥巴達（Oreste Corbatta），以自己的出身和文盲為恥，其足球天賦無容置疑，卻因為一再被女人欺騙和拋棄、深陷酒精問題，最終生活潦倒、鬱鬱而終。

七〇年代颶風隊前鋒侯斯曼（Rene Houseman），出身貧民區，以出色表現和嚴重酗酒聞名。獨立隊的傳奇中場，馬勒當拿的偶像波切尼（Ricardo Bochini），也是街童出身，其黑髮、矮小身型和靈巧、藝術性的踢法，也曾被視為接近 Pibe 的原型。

●馬勒當拿與 Pibe 形象

直到馬勒當拿的橫空出世，民間寓言頓然成真。相傳逾半世紀的民族追求形象，終於等到有一個人，能夠完整地成為 Pibe。當他在電視上歌唱家傳戶曉的《El sueño del pibe》時，所有人一同見證他成為 Pibe 的最佳化身。馬勒當拿從出身、外型、個性和成功之路，都完美地與 Pibe 相符。他，於阿根廷人而言是從神話中跑出來的人物。人們也因而會用 Pibe 的尺作為他的衡量標準。「桀驁不馴、狡詐靈活、我行我素」，本來就是 Pibe 童真的一部分，也是被推崇的美德。因為他只是 Pibe，他可以犯錯，他不需長大成人，也固然無法承擔成年人的責任。

他的一生，犯下無數爭議。他私生活混亂，有至少八個私生子女，包括多年來拒絕承認的 Diego Junior。他長期沉迷夜生活，浮沉毒海多年。他與拿不勒斯黑手黨「卡莫拉」（Camorra）過從甚密，甚至被指參與販毒等罪案。他曾經大力推開索取簽名的小孩，也試過用氣槍射擊記者。

顯然，他無法（也許環境讓他也毋須）從青春期的風暴中長大成人。他會為失敗而抱頭痛哭、不如意時便大發脾氣、凡事以「陰謀論」解釋並意圖推卸自身的責任。馬勒當拿一生都將過錯推諉於人，亦跟生命中許多人反目收場。到他近年擔任教練或觀眾，仍在場邊表情多多，激動地高舉中指、扮十字架等，都可見他仍然未有長大，他畢生都希望成為所有人的焦點。然而，若非擁有這種不完美、不成熟，又怎會是 Pibe？只要他仍然保留著赤子之心，對阿根廷人而言，便已足夠。

話雖如此，「長不大」的他還是有付出和努力的。面對成名暴富的迷失，他從不忘本，一直對家人與族群關顧有加。承受必須贏盡所有的壓力，他始終奮戰到底。他曾經吸食可卡因，但他真誠地承認，而且也有努力戒毒。

大家彷彿忘記，即使是曠世奇才，也不過是血肉之軀的凡人。他雖被「神化」，但他始終不是神。為何必須要背負國家民族和球迷的期望？又有誰能每一刻都保持完美？而當人生到達如斯高度之時，試問又有誰明白他的壓力與煎熬？我重看他球場上的身影，每一次將近倒下時，他都神乎其技地靠自己站起來，奮勇向前。他窮其一生都在孤軍作戰，彷彿跌倒多少次，他都會咬著牙根的站起來。然而，人生不可能戰無不勝，在他堅強的英姿背後，我彷彿看到他的內心小孩在低頭抽泣。無怪乎他是如此害怕孤獨寂寞，並需要時刻感受到關愛和支持。

馬勒當拿曾經說過「只想簡單地享受足球，並帶給別人快樂。」直到最後，他對足球始終抱有熱情、心懷感恩。作為空地出身，蓬鬆黑髮的窮小子，狡詐、靈活、叛逆、我行我素、天才，他完美地承襲 Pibe 的文化地位，代表天真、率直、無拘無束的童年形象，也代表對快樂和爭勝最原初的熱情。

與此同時，他也繼承歷代備受崇拜的前人，象徵一片丹心。他出生於伊娃・貝隆醫院，曾經明確表達對貝隆的敬意，甚至跟伊娃・貝隆一樣，曾在玫瑰宮接受萬人擁戴。他在右臂紋上哲古華拉的頭像，被卡斯特羅稱為「球場上的哲古華拉」。凡此種種，都令馬勒當拿成為獨一無二的存在。

可以肯定的是，即使贏得世界盃，美斯都不會成為神。出身小康、循規蹈矩、彬彬有禮、大半生活在加泰的美斯，極其量只可以成為球王。這個國家太相信英雄、太沉醉於「一人之力」，始終等待救世主，救贖他們回到「應然的優越地位」。即使美斯能夠破盡紀錄，但足球不止是數據，是共同回憶，是牽動無數人心的時刻。每個嘖嘖稱奇的時刻、匪夷所思的動作、激動人心的反勝，馬勒當拿於那個時代，給予世人的實在太多。

最重要的是，馬勒當拿太「阿根廷」，傳奇、浪漫、悲情、得天獨厚，卻又自我毀滅。阿根廷人對一閃即逝的流星，似乎有種無可抗拒的浪漫追捧。我不禁想起保加區陽台上的人像，伊娃·貝隆、哲古華拉、加德爾。執筆之時，適逢傳來馬勒當拿離世的消息，阿根廷泣不成聲，拿不勒斯淚流滿面，黯淡退役、已然「死去」的傳奇終於正式撒手塵寰。

也許在阿根廷，「神化」的先決條件是殞落。伊娃·貝隆如是，馬勒當拿如是。

ARGENTINA

在阿根廷，馬勒當拿和美斯的比較從未停止。

球場外牆的壁畫，「D10S」直指馬勒當拿為神。

保加區是不少阿根廷文化的發源地，其地位特殊，甚至曾經宣告獨立。

馬勒當拿離世後，舉國哀悼，令人聯想起當年的伊娃·貝隆。

保加區景點的一座建築物陽台上，三位重要人物的人像。

伊娃·貝隆的墓前至今仍不斷有人送上鮮花。

CHAPTER 2

千錘百鍊：智利

一、足球無關政治？En Serio?!

智利足球，一直都不算矚目。她沒有烏拉圭首辦世界盃的榮譽，也沒有阿根廷的傳奇色彩，更沒有巴西的五度封王的輝煌，甚至也連哥倫比亞「黃金聯賽」的剎那光輝也欠奉。

作為南美足協四個初創成員之一，智利足球的發展歷史悠久，但卻只能算是南美洲的第二梯隊。比起成績，讓智利足球率先進入國際舞台的，卻是其與政治黑暗面的關聯。

起始之地

我坐上如鐵皮盒子般的老舊登山纜車，從水平面緩緩攀升，視野漸為廣闊，碼頭和城市的輪廓映入眼簾。我來到世界文化遺產城市——瓦爾帕萊索（Valparaíso），她的故事中有移民、色彩、纜車、足球、塗鴉和聶魯達（Pablo Neruda），而所有故事源頭，都要從這港口說起。

臨近太平洋的瓦爾帕萊索，於西班牙殖民時期未被重視，只是名不經傳的小村。直到智利獨立後，大開國際貿易之門，遠洋船經麥哲倫海峽（Strait of Magellan），往來太平洋和大西洋，瓦城於十九世紀中葉成為區內重要的補給港。商機蓬勃的瓦城吸引大量歐洲移民湧入，英國、意大利、德國和西班牙等族群相繼落地生根。他們成立公司、興建學校和教堂等設施，不僅帶來歐洲各國的建築特色，也將語言、文化和生活習慣引入。

山城、色彩、建築、纜車

瓦城共有四十三座高低不一的小山，部分山丘緊鄰海邊。隨著城市高速發展，除了填海工程外，也必須善用各個小山丘，形成海港和山城融為一體的獨有景致。以英國社群為主的 Cerro Concepcion 為例，鄰近海港的小山丘，大多以中產和富人為主。他們依山興建各式華麗建築，隨著舒適的大宅、向海的陽台、寬敞的花園等紛紛落成，富裕的歐洲移民在這南美港口創建出新天地。

至於彼時離碼頭較遠的小山丘，則成為勞動階層的聚居地。他們以船隻棄置的鋅鐵皮和油漆等物料興建住所，家家戶戶不規則地使用顏料，讓山丘變得七彩繽紛。富人移民和勞動階層，各據山丘，以各自的方式，為這港口城市抹上鮮艷色彩和無比活力。

由於小山丘林立，不便公車行駛，大部分居於山上的居民初時只能徒步往來。

雖然普遍小山丘的高度僅為海拔百米左右，但每天的往來畢竟耗時費力。政府遂於一八八三年開始推動興建各小山丘的纜車系統（Ascensor），在當時屬於非常新興的科技和設計意念。纜車系統的建成，大大便利瓦城的日常交通。於高峰時期，瓦城共有二十八組纜車系統，將海港和山城緊密連貫，形成獨有的一道風景。

英國影響和足球的發源

乘坐Ascensor Reina Victoria，只消不足三分鐘的時間，我便到達Cerro Concepcion。我看著鋼纜帶動兩個小盒子般的纜車，往來陡斜的山坡，此上彼落，簡單的運作原理，百多年來為數之不盡的人帶來方便。Cerro Concepcion是當年英國人聚居的地方，從這裡可以看到許多英國人的足跡和他們帶來的影響。座落在此的，南美洲首座聖公會教堂——聖保祿教堂（La Catedral de St. Paul）就是最佳的例子。

西班牙於殖民期間，奠定天主教在智利的一尊地位，即使獨立初期，非天主教的宗教活動仍屬非法。然而，來自歐洲各國，如英國和德國等移民，仍希望保留其原有宗教。在他們的努力下，聖保祿教堂於一八五八年建成，為當地的移民提供基督新教的宗教場所。然而，直到一八六五年智利才通過法例，正式容許宗教自由，故該教堂在建築時刻意保持簡樸低調的外觀。根據教會紀錄，當時的聖公會會眾職業包括船長、商人、工程師、造船者、音樂家和藝術家等，可見當年英國移民涉獵範圍之廣。

山丘上不少地方都能看到海景，我隨意漫步，既沉醉在建築間，也探奇於藝術中。不過，我的目光總是難以離開廣闊的太平洋。我望向港口前的一片空地，猜想著哪兒才是智利第一場足球賽舉行的地點。瓦爾帕萊索，是智利足球的發源地，是英國人引進足球的起點。

十九世紀八〇年代，來自英國的水手們，在瓦城港口以足球忙裡偷閒，引起其他碼頭工人和本地人的興趣。足球狂熱由港口攀上山丘，迅速在英國社群中興起和擴張。以 Mackay School 為首的英語學校，積極推動足球運動，為就讀的英國移民後裔提供練習和比賽的機會。英德移民聚居的 Cerro Alegre，成為當時本地人踴躍觀看足球賽的熱門地方。

《A History of the British Presence in Chile: From Bloody Mary to Charles Darwin and the Decline of British Influence》一書記述英國社群如何帶動智利足球發展。根據不同的資料，對於智利首間球會的說法不一。一八八二年，Mackay School 的學生們創立 Mackay and Sutherland Football Club。

在英裔新聞工作者 David Scott 的帶領下，一群英國移民於一八八九年開始籌組球隊 Valparaíso Football Club。然而，這支作為板球會（Valparaíso Cricket Club）一部分的足球隊，在過程中受內戰影響，需於一八九二年才正式成立。後來，更因為一戰影響，大部分職球員在戰場上一去不返，遭到解散的命運。

有別於前兩者對學校或其他人際網絡的依附，一群胸懷大志本地年青人，於一八九二年自發成立聖地牙哥漫遊者（Santiago Wanderers）。[1] 這家現存歷史最悠久的智利球會，被視為首間獨立於教育機構或體育團體的足球球會，將足運發展擴展至另一層次。其後，來自英國利物浦的 David Foxley Newton 與附近一帶的英國移民後裔，則於一九〇九年成立維拿迪馬愛華頓（Everton de Viña del Mar）。[2]

作為智利足球的起點，坐擁繁華海港和移民人口的瓦城，地位舉足輕重。有別於不少國家以首都為重心的印象，智利足協於一八九五年在此成立，為南美第二國。David Scott 成為首任主席，佐證英國人的貢獻和影響。然而，時移世易，無論是英國勢力或瓦城，都從高峰滑落。第一次世界大戰後，英國因國力受挫而在拉美失勢。隨著巴拿馬運河於一九一四年建成啟用，遠洋航線大為縮短，瓦爾帕萊索的航海地位被取代，並迅速陷入衰退，不少人轉趨首都發展。曾經閃爍的「太平洋寶石」一夜間黯淡無光，瓦城的重要性和影響力大不如前。

聶魯達、抗爭與塗鴉

百年過後，我到訪的今天，瓦城早已跟十九世紀末的輝煌相去甚遠，但仍正綻放不一樣的活力與光芒。

我來到 Cerro Bellavista，沿路步向詩人聶魯達的故居 La Sebastiana。他與瓦爾帕萊索關係甚深，曾為瓦城重生作出貢獻。

出生於一九〇四年的聶魯達，原名 Neftali Ricardo Reyes Basoalto，被視為二十世紀最偉大詩人之一。才華洋溢的他，於年少時已向雜誌投稿，為隱瞞反對的父親，

1 聖地牙哥漫遊者球會：在瓦爾帕萊索成立，但為識別當時另一支球隊 Valparaíso Wanderers，成員決定以首都命名，並希望確立球會的國族身分。球隊因歷史悠久，被尊稱為「智利足球的院長」（Decano del fútbol chileno），更於二〇〇七年被納入瓦城非物質文化遺產的一部分。

2 維拿迪馬愛華頓球會：在瓦城的 Cerro Alegre 成立，後遷移到鄰近城市維拿迪馬。二〇一〇年，維拿迪馬愛華頓歷史性造訪英格蘭，與「同宗」的愛華頓（Everton F.C.）首次進行友賽。

並向捷克詩人 Jan Neruda 致敬，他以 Pablo Neruda 為筆名。一九二四年，聶魯達已憑作品《二十首情詩和一首絕望的歌》而聲名大噪。

聶魯達一生傳奇，曾在緬甸、斯里蘭卡、印尼和阿根廷等國擔任外交官。他出使西班牙時，經歷該國內戰，他義助二千名難民逃往智利之舉，被稱為「溫尼伯行動」。[3] 他其後加入智利共產黨，並當選國會議員，卻遭時任右翼政權政治迫害，轉而流亡阿根廷、墨西哥和意大利等國三年。一九五二年，他結束流亡重回智利，繼續活躍於政壇。他曾到訪秘魯、古巴、美國等地，又寫詩讚頌古巴革命。他甚至一度被推薦為總統候選人，後來為團結左派，選擇讓賢予阿連德（Salvador Allende，又譯阿葉德），後者亦不負所望，於一九七〇年當選總統，為全球首位民選誕生的社會主義國家元首。

●故居與詩人的情懷

我來到他在瓦城的故居 La Sebastiana 他的三大居所之一，嘗試拾起時間的碎片。厭倦首都城市生活的詩人，在瓦城遍尋適合安靜生活和寫作的居所，終於與雕刻家 Marie Martner 夫婦倆，共同購入當時為半成品的這幢建築。聶魯達住在三、四樓和最頂層，正如他所願「不高也不低」、「有鄰居而又隱藏」。

La Sebastiana 的外牆各層分別塗上白紅藍的顏色，由帶有巨大玻璃的地下樓層，結構上層遞式地往上收窄，加上木色的小簷篷，遠看既像移動城堡，也像獨特的多層帆船。聶魯達愛好航海，家中遍布相關的元素，從入口的玻璃上畫有的航海儀圖案、到屋內梯間的纜繩、小石砌成的地圖以至頂層船艙般的設計等，都可見一斑。這裡有如收藏家的生活博物館，牆上掛滿裝飾品、畫作和瓦城的舊照片，不同的房間放有動物或人物的雕像，配合各房間用色不一的牆壁，襯托出獨特的氣氛。遊歷豐富的他，家中的藏品來自世界各地。我想像每件物件背後的故事，也幻想詩人施展魔法，賦予它們的另一種姿態。

3 溫尼伯行動：聶魯達安排貨船溫尼伯號（Winnipeg）協助逾二千名西班牙難民，離開法國的難民營逃往智利。聶魯達曾形容這件美事是他寫過最美的詩和人生中最大的成就，沒有人可以抹去。

我看著餐桌上精緻的套裝酒杯，想像詩人於宴請親友時詩興大發，其後半帶醉意地一起走上頂層，看著腳下的山城和遼闊的海洋碰杯，說到得意時，又以望遠鏡窺視港口的忙碌，直到酩酊大醉。在宿醉醒來後的翌日中午，他被溫暖的陽光喚醒，回到最愛的頂層，看著一望無際的大海寫詩，偶爾看著山下某處的牆壁正添上新的畫作，滿意地微笑。

我滿懷興致地離開故居，踏上當年群眾鬧時朗讀他詩句的廣場，四周都是寓意深長的塗鴉，有堅守抗爭意志的、紀錄瓦城歷史的、訴說理想追求的、創造童話色彩的，也有更多是我看不明白的。今天的瓦城，早已成為塗鴉之都，甚至被視為智利的文化首都、藝術家的天堂，箇中原因竟也有詩人的份。事緣當聶魯達就任駐墨西哥外交官時，深深被其塗鴉文化所吸引。他回到智利後，邀請墨西哥藝術家來到瓦城盡情發揮，為這裡種下塗鴉文化的種子。

可惜的是，事實並非如我幻想。聶魯達未能在窗戶前細味日漸增加的塗鴉壁畫。一九七三年，軍事政變發生後的不足兩星期，聶魯達突然去世，死因成疑。智利變天後，極右獨裁軍政府上台，為打壓言論自由，無所不用其極。然而在高壓威權下，群眾一直沒有放棄發聲。所有的政治塗鴉都被視為「違法」，但即使面對牢獄、酷刑甚至殺身之禍，民心始終不死。極權政府即使能抹去塗鴉，卻無法撕走群眾對自由的追求。藝術家們利用瓦城獨有的窄巷、陡坡和階梯，以身犯險地以塗鴉表達訊息，提醒同路人「毋忘初衷」和「不能絕望」。即使面對看似無望的絕境，每個人堅守崗位，終必等到「那一天」的來臨。軍政府倒台後，瓦城地方政府推動塗鴉合法化，以慶祝重獲言論自由。

從當年無懼威權強行遮蓋、不斷重新繪畫的抗爭精神，到現在頻繁地替換新作，自由自主地體現創新，瓦城的塗鴉猶如新陳代謝，呈現出生命的循環與時間的遞進。今天的瓦城並非成就於聶魯達之手，他只是深具創意、持續抗爭和堅持理想的其中一員。「功成不必在我」，瓦城今天在自由民主中再綻放光芒，只盼一代詩人泉下有知，可以釋懷遠去。

球場集中營與「幽靈球賽」

聶魯達的死因眾說紛紜，官方說法是死於癌症，但亦指他是被政權毒殺。無論是否被他殺，他也恐怕是含恨而終。讓詩人死不瞑目的始作俑者，正是出生在瓦城的陸軍總司令皮諾切特（Augusto Pinochet，又譯皮諾契特）。

阿連德於一九七〇年當選總統後，推行一連串措施，包括礦業國有化、土地改革和推動成立工會等，以打擊國內經濟寡頭和國際資本的壟斷。美國擔心左翼勢力在拉美抬頭，先實施經濟制裁，其後更幕後策動和支持軍事政變。一九七三年九月十一日，皮諾切特率兵大舉包圍及炮轟總統府，阿連德死亡。手執武器的禽獸開火攻擊大學，讓人痛心疾首。聶魯達眼見國家陷入混亂、合法政權被武力推翻，難免抱憾歸天。

皮諾切特上台後，不僅將所有左傾的經濟措施徹底推倒重來，更將智利變成新自由主義的實驗所。他實行恐怖殘酷的極權統治，將異見者、新聞工作者、工會成員和阿連德政府人員等數以萬計人士，瞬即虜進大大小小的集中營和拘留所，施以酷刑、虐待和處決。他在位期間獨攬大權，打壓言論自由，為排除異己，無所不用其極，採取戒嚴、濫捕、白色恐怖、暗殺海外異見人士等手段。多年來，約四萬人因政治因素受刑，近十萬人流亡海外、逾三千人被殺害或「被消失」。國家墮進無盡黑暗，足球自然也不能倖免。

歷史總會留痕，遍布全國各地的非法拘留場所，逐漸被發現和證實。單單在聖地牙哥（Santiago），現時就有 Villa Grimaldi、Londres 38 和 Victor Jara 體育館，保存作紀念。[4] 在眾多場所中，與足球關聯最深，也屬最著名和最重要的，當數國家球場。

---

4 Victor Jara：智利著名的歌手、詩人和共產主義支持者，他的歌以愛與和平，反映社會實況和追求公義等為主題，在當時極具影響力。「智利９１１」後，他被軍政府在一所體育館內虐殺。他死後多年，仍然作為社會運動的象徵人物，他的歌曲於二〇一九年時仍為智利抗爭者所高唱。

我懷著極複雜的心情，來到首都聖地牙哥的國家球場（Estadio Nacional），一個我不能迴避的地方。這個自一九三八年啟用的球場，見證和參與智利的近代歷史。它曾經是二戰後歐洲難民的臨時收容所，也舉辦過一九六二年世界盃決賽。聶魯達一九七一年獲得諾貝爾文學獎翌年，獲邀在這球場的七萬人前朗讀詩作。當時誰也想不到，幾年之後，同一個球場，會變成人間地獄。

在「智利911」發生後的兩個月內，近兩萬人被送往國家球場。無數良心犯在球場更衣室和辦公室內被嚴刑拷打、百般凌辱、虐待至死。智利軍政府甚至「發明」一種處刑方式——「直升機不歸之旅」，即是將被囚者趕上直升機，從半空活生生掉下。他們不僅以此為樂，更不時讓直升機在球場中央升空，向其他被囚者散布恐怖。

不知是因果，還是冥冥之中自有主宰。此時的智利國家隊，正爭奪一九七四年世界盃決賽周的最後席位，其附加賽的對手偏偏卻是蘇聯。一方是剛以軍事政變，推翻民選社會主義政權的智利，另一方則是社會主義老大哥蘇聯，如此的對決，豈能單純止於體育？

軍事政變後，所有智利公民被禁止離境，加上蘇聯拒絕承認皮諾切特政權，賽事有胎死腹中之虞。軍政府為顯示「一切如常」，容許國家隊前赴蘇聯作賽，但同時以球員家屬性命作為要脅，以防止有人乘機逃離或尋求庇護。一九七三年九月二十六日，蘇聯首回合主場賽和智利0：0，將懸念和爭議延續至兩個月後的次回合。

蘇聯曾就皮諾切特政權的非法性和惡行，要求國際足協予以譴責，並取消智利的參賽資格，後者卻以「足球無關政治」為由拒絕。即使皮諾切特曾揚言，「不會保障蘇聯球員在智利的人身安全」，國際足協仍然不為所動。對於蘇聯提出更改比賽場地的最後建議，國際足協則派員到國家球場進行實地視察。一如所料，無論是面對傳媒或國際足協，軍政府都已早有準備，將證據和屍體處理掉之餘，也將大部分仍在生的被囚者轉移到其他集中營。

然而，根據當年的報告及倖存者的憶述，當時的國家球場仍有多達七千人被囚禁。國際足協人員不僅只是馬虎地觸碰球門、踏上草地，裝模作樣地望望看台，甚至明知房間內有人被囚禁、眼見球場外的親屬在苦等，都對違反人權的暴行視若無睹，作出「如常作賽」的決定。

一九七三年十一月二十一日，被視為歷史性恥辱的一幕在國家球場上演。蘇聯表明，因該球場已染滿「智利愛國者的血跡」，拒絕派隊作客智利。明知已經「不戰而勝」的皮諾切特，依舊舉行一場虛假的「大龍鳳」。智利國家隊遂於一萬多名「觀眾」以及圍繞在旁的軍人見證下，「對陣」空無一人的對手。球員互傳幾下之後，由中場 Francisco Valdés 射進空門，結束這場歷時僅三十秒的「幽靈球賽」，智利極醜陋地進入世界盃決賽周。

今天的國家球場，經歷二〇〇九年時的翻新工程，看台重建、座椅更新、牆壁鬆白，外觀雖然轉變，但歷史無法抹走。數十年前，牆身上的斑斑血跡、空氣中的血腥氣味，都化作鐵紅色的血液，滲進大地。這個球場內的每一寸，都曾經充斥慘叫、滿布恐懼、瀰漫絕望。

從球場內望向北看台，一處被鐵絲網圍繞的範圍格外顯眼。在「沒有記憶就沒有未來」（un pueblo sin memoria es un pueblo sin futuro）的大字之下，仍然保留著舊有的看台和板凳。我穿過名為「La Escotilla Nº8」的閘門，走進破舊的看台底部，兩旁是記錄當年作為集中營和酷刑所的證據，包括士兵持槍看守及搜身的照片、以硬物刻在牆壁上的文字和受害者的頭像相等。這裡連同附近的部分體育設施，記下血染的歷史。

我從看台底部走出，坐在被鐵絲網包圍的舊看台上，望向中間球場的草地，想像當年被囚者的視角，久久不能釋懷。只為了一小撮人的利益，殘害和摧毀無數的生命，幾多人陰陽永隔、抱憾終生，經歷無可挽回的傷痛、無力和絕望……沒有人值得被如此對待。無論是皮諾切特的軍政府、親手殺戮的前線士兵，還是助紂為虐的國際足協，全都罪孽深重、遺臭萬年！

掀動人心的高魯高魯

然而，極權者的魔爪又豈止於此？皮諾切特深明足球的影響力，遂利用國內最受歡迎的球會高魯高魯，作為極權政府的宣傳手段，跟佛朗哥操控皇家馬德里同出一轍。

由於連日電郵相約訪問或購買比賽門票都不順利，我只好在比賽日的下午，貿然來到紀念碑球場（Estadio Monumental David Arellano）碰碰運氣。我從遠處已見高聳的射燈塔，逐步走近之下，發現其外觀比國家球場宏偉，而且以白色為主，只有會徽、球場名稱的題字和建築的少部分屬黑色。球場的正門外，豎有半身的銅像，正是原住民領袖高魯高魯（Colo-Colo）的形象。

這家智利最成功的球會，成立於一九二五年。當時一群麥哲倫體育會（Deportes Magallanes）的年青球員打算自立門戶，他們決定以抵抗西班牙殖民者的馬普切人

（Mapuche）英雄高魯高魯作為命名。高魯高魯作為英勇、智慧和戰士的象徵，加上其原住民身分，為民族主義者以至法西斯主義者的挪用提供可乘之機。這對於人口結構複雜的智利，則更是弔詭。也許打從一開始，球會已註定跟智利人的身分認同牽上關係。

高魯高魯早於成立首兩年，便分別前往南北作賽，是智利首家在全國舉行巡迴賽的球會。次年北上之旅，更延伸至拉美及歐洲各國的國際巡迴，大大加強其受歡迎程度和影響力。隊長兼創辦人之一的 David Arellano 於西班牙友賽意外喪生後，球會不僅為會徽添上一條黑線以作紀念，現時的球場更以他作命名。創傷經驗為球會的個性加添感性與厚度，不止於追求榮耀，其悲情色彩使人更產生共鳴。

高魯高魯很快便奠定其一尊之位，甚至於一九三八年國家球場的開幕友賽代表智利出戰巴西球隊。球會人氣與日俱增，球迷遍布全國各地，尤其成功吸納大量低下階層。高魯高魯作為人氣最盛的球會，坐擁國內四成球迷，其撼動人心的影響力，更使球會的遭遇跟國家的命運緊扣。

我在球場外圍拍照後，依舊嘗試向在場職員表達訪問的意願，並得以成功進入球場內。我率先被看台座位組成的巨大高魯高魯頭像圖案所吸引，加上球場背後的雪山遠景作襯托，委實氣勢磅礴。我在場內興奮地四處拍攝，看球會會徽的變化，也拍下代表榮耀的獎牌及獎盃。場內一幅大型壁畫，將不同年代的經典球員、看台上投入的球迷和熾熱氣氛，化為精髓地一一呈現。

由於是比賽日，球會的博物館休館。球會職員雖然友善，但基於忙碌和安全理由，不能為我而開館或提供即時訪談，也是理所當然。我退而求其次，查詢購買門票的方法。接待員和傳媒部的職員，都異口同聲地說：「球隊的比賽很受歡迎，門票早已售罄了。」正當我以為失望而回之際，對方續說：「既然你已經進場了，你乾脆留在這裡，不就可以了嗎？」

「吓！？」我頓時傻了眼，沒想過球會職員會教我如此簡單直接的「逃票」方式。就這樣，我在球場內等待三個多小時後，迎來我人生首場的南美自由盃！

開賽前約二小時，大量球迷開始湧入，偌大的球場即時換了氣氛。我也得以全程直擊，細意觀察球迷的特徵和行為。這場由高魯高魯主場對陣墨西哥球會阿特拿斯（Atlas F.C.）的賽事，僅屬南美自由盃的分組賽，但球迷不僅擠滿看台，甚至連看台通道都坐滿了人，真不愧是最受歡迎的球會。相比之下，來自墨西哥的客隊球迷則顯得相當凋零。

開賽前，球迷們一起高唱會歌，歌頌球會的精神，以勇氣和堅毅和代表智利的心，不休止地爭勝。當大會介紹主隊球員進場時，球迷不僅歡呼鼓掌、灑出紙屑，更至還燃點煙花，也不管天色尚未昏暗。比賽未開始，早已令人血脈沸騰。

本場比賽開始後，局勢甚為膠著。主隊雖有較好的控球率，但沒有明顯優勢，反倒是客隊的防守反擊甚具威脅。我的注意力不時望向狂熱球迷區域，那邊廂不僅全場不停在跳躍和唱歌，也特別有觀察的價值。不管是高掛出面目猙獰的頭像橫幅，還是少部分爬上看台頂、攀爬鐵絲網的球迷，都提醒我高魯高魯的球迷幫派 Garra Blanca 聲名狼藉。

全場球迷的投入程度，沒有讓球迷組織專美。人群中不時有躁漢大罵至聲嘶力竭、面紅耳赤、青筋暴現，彷彿自己就是領隊般，向球員和球證施壓。還有些人興至所至，寬衣解帶，揮動手上球衣的同時，盡情跟大家分享他上身的贅肉，毫不吝嗇。當主隊球員殺入禁區時，許多球迷紛紛站起，座位的摺合聲猶如爆竹一般，教我甚為喜歡。

我享受的不僅是比賽本身和球場的氣氛，更是過程中好些漂亮的畫面。黃昏時，球場後的雪山化作日落照金山的風景畫。主隊獲12碼時，全場亮起手提電話的燈揮舞。完場前，更以璀璨奪目的煙花劃破黑夜作結。我彷彿能夠明白，高魯高魯是何以俘虜人心。

離開前，我再看球場內的壁畫，比起八九至九一年三連冠或千禧年代的四連冠，九一年的南美自由盃冠軍，可說是更加難能可貴。回看今天這場比賽，再看牆上的「Colo-Colo 73」，對南美自由盃的重視及其淵源，遠遠超出足球層面。甚至以他們的說法，若非七三年的南美自由盃冠軍「被偷走」，也許整個智利的命運也會被改寫。

自六〇年代開始，智利社會開始左傾，中間偏左的基督教民主黨的費爾（Eduardo Frei Montalva，台譯愛德華多．弗雷．蒙塔爾瓦）和社會主義政黨Unidad Popular的阿連德先後被選為總統。面對長年的貧富懸殊、寡頭壟斷和美資操控，後者計劃以「屬於智利的步伐，民主和合憲地，和平轉型至社會主義」。可是，阿連德政府的措施面對激烈反彈，既得利益者和政敵群起而攻之，美國實施經濟制裁，可謂腹背受敵。國內通貨膨脹問題嚴重，加上商人囤積居奇，食物和燃料短缺，罷工和抗議此起後落。智利深陷社會撕裂、動盪不安，加上來自左右兩派極端分子的街頭暴力，在位僅三年的阿連德危如累卵。

在風雨飄搖之時，本已深受歡迎的高魯高魯，非但踢出悅目足球，更獨力在南美自由盃中勇往直前。球隊在巴西以2：1力壓保地花高（Botafogo），成為首支在馬拉簡拿球場取得勝利的智利球隊。雖然在晉級過程中偶爾不穩，但總能在關鍵時刻取勝，令故事更加扣人心弦。

當時的高魯高魯已代替國家隊，肩負起國族身分認同，成為團結智利人和舒緩社會不穩壓力的最大希望。球隊的每一場勝仗，都獲得左右兩派以至軍方的祝賀，總統阿連德更兩度接見球隊成員，語重心長地鼓勵球隊為團結智利而戰。球星Francisco Valdés數年後，在訪問中表示「每場勝利都將國家團結和拉近數天，軍方不敢輕舉妄動。球隊成功拖延了軍事政變。當時的人都說『只要高魯高魯能獲勝，阿連德便會安全。』」

高魯高魯技壓群雄，成為首支殺入南美自由盃決賽的智利球隊，對手卻是被稱為「盃賽之王」，其時已三度封王的阿根廷獨立隊。決賽首回合，兩隊在阿根廷賽和1：1，次會合則在智利賽和0：0，最終第三回合在烏拉圭中立場，高魯高魯加時憾負1：2。首回合獨立隊入球前先侵犯門將、次回合又誤判高魯高魯的入球越位作廢，種種偏幫和誤判，令人們普遍相信受賄「黑哨」強行「偷走」高魯高魯的冠軍。最終，沒有人知道假如球隊奪冠，是否就能「阻止」軍事政變，歷史總是沒有假如。

皮諾切特下的高魯高魯

皮諾切特選擇高魯高魯作為收編統戰對象，既因為其人氣，也跟球會形象以至意識形態有關。早於二〇年代末，球會成立之初，高魯高魯已曾接受當時軍政府的好處，作為宣揚民族主義的工具。再者，對原住民的刻板戰士形象，更方便被挪用，並扭曲作推崇軍人的強悍作風。

獨裁者利用足球作為轉移民眾視線的工具，例如故意安排高魯高魯於九月十一日出戰，以減少群眾在政變日子上街的意欲。一九七六年，眼見有工會支持的候選人當選主席在即，軍政府隨即禁止高魯高魯進行球會選舉，並解散球會管理層。軍政府以球會的財政赤字為契機，以企業 BHC 集團入主高魯高魯，實行進一步操控。一九八〇年，被委任的球會主席 Alejandro Ascui 在電視上表忠，宣布皮諾切特為球會榮譽主席。隨即國營電視台和公營機構，都巧立名目地支援球會的財政。獨裁政權的十七年間，高魯高魯獨得十二個冠軍。當時黑哨如何偏袒、賽會怎樣操控等，是人們每周議論紛紛的話題。至於當中的含金量如何，自有公論。

為了籠絡球會和民心，軍政府想出一石二鳥的奇招。政權推出名為Polla Gol的博彩系統，並將收益撥歸足球發展之用。群眾有波能賭，球會有錢可收，豈不是歌舞昇平，皆大歡喜？誠然在軍政府支持者之中，的確有高魯高魯球迷的身影。不管是拒絕思考、盲目服從，還是但求自保、掩耳盜鈴，反正總有人懷著「馬照跑、舞照跳」的心態，認為只要繼續「生活如常」就好。

然而，絕非每個智利人都「吃這一套」。人稱「禁區之王」的高魯高魯球星卡西利（Carlos Caszely），就是堅持反抗的代表人物之一。他不僅曾在鏡頭前拒絕與接見國家隊球員的皮諾切特握手，更不時出言抨擊軍政府。在球壇地位崇高的他，不僅一度被賣到西班牙球壇，還影響其入選國家隊，更甚者，他的母親更被拘留和酷刑虐待。

反抗的聲音在高壓之下沉寂一時，然而非法政權始終不能高枕無憂。於八〇年代，智利的經濟受挫，引起國內尤其中產階級不滿，加上國際間對智利人權問題的關注，社會運動漸漸重燃。足球場成反抗的凝聚之地，以一九八五年卡西利告別賽為例，看台上有人揮舞著左派的旗幟，全場更高唱「皮諾切特下台」。

在國際的壓力下，皮諾切特於一九八八年舉行一場公投，以決定是否容讓他繼續執政八年，期望取得合法授權。公投前四天，獨裁者再次找上高魯高魯。他向球會高層承諾付出三億披索，以「貢獻」開幕在即的紀念碑球場。上善若水，於時機來臨時，群眾堅定地向政權說不。

一九七三年，上一代未完成的使命，終於在一九九一年得以圓夢。高魯高魯首奪南美自由盃冠軍的晚上，全場以至全城都都一起高唱「團結的人們永遠不會被擊潰」（El pueblo unido jamás será vencido）。這首民間樂團 Quilapayún 的歌曲，也是阿連德的競選口號，雖於獨裁時期被列為禁歌，但一直留存至今。高壓威權從來都是徒然，即使禁得到歌曲、禁得到口號，自由的心禁不住也禁不絕。

黑暗的十七年過去，獨裁者下台，智利恢復民主。然而，正如智利導演 Pablo Larraín 執導的電影《向政府說不》（NO，台譯向獨夫說不）描述，「智利在思考她的未來」，智利人民是否「從此過著幸福快樂的日子」？

社會階級分野

作為窮旅人，由玻利維亞來到智利，我的生活以至心情也受到重挫，原因是智利的物價遠高於前者。來過智利的旅人，都感受到其高度發展，在南美絕對是先驅之列。智利在南美諸國之中，可算是經濟發展既強勁亦穩定的國家，亦是唯一沒有國債負擔的。智利予人的印象和感覺，的確跟阿根廷、巴西以至其他安第斯國家截然不同，但一時之間又難以表達。

我透過沙發衝浪網站，認識了當地人Guillermo，他向我介紹身邊親友，又讓我親歷智利人的派對和生活作息。我倆可說是一見如故，幾乎無所不談。他對於我環球旅行，並以足球為角度了解世界，甚表認同。

適逢首都球會智利大學（Universidad de Chile）在南美自由盃，作客巴西的國際體育會，作為前者球迷的他，力邀我們兄弟倆在酒吧摸著杯底看直播。Guillermo在賽前就為我教授智利社會現況的「初階課程」。「跟世人的正面印象不同，智利其實有很多的社會問題，而且智利人負債的情況很普遍。」

我未及回應，他已續說：「智利是貧富懸殊非常嚴重的國家，而且階級之間分野明顯。社會階級的觀念很重，雖然不至於古印度種性制度上的不可通婚，但不同階級的人不僅毫無交雜，甚至連日常語言也不一樣。」

隨著球賽開始，我們碰杯邊喝邊談。我回應說：「我從資料上看過，聖地牙哥最重要的三家球會，傳統上分別代表三個不個的社會階級。高魯高魯代表草根各勞動階層。人稱『La U』的智利大學代表中產、知識分子和非宗教人士。人稱『UC』的天主教大學（Universidad Católica），支持者則主要為富人和天主教背景人士。」

Guillermo 表示智利社會上至少有5個社會階層，或有些說法指有7個社會階層

（AB、C1A、C1B、C2、C3、D、E），其實也可以只分為「富可敵國、富裕和不同程度的貧窮」三層。在智利，即使連所謂中產的生活質素也不高，大部分都只能生存，不僅沒有儲蓄，甚至負債渡日也甚普遍。在經濟發展的同時，廣大民眾難以一嚐經濟成果，絕大部分利益長期為少數富人所獨享，又一個似曾相識的故事。

這個晚上，令我對智利社會認識和我倆的友誼都大為加深，至於智利大學1：3落敗的戰果反倒令人毫不在意了。

翌日，我從市中心乘坐巴士，前往參觀三大勁旅之一的天主教大學。天主教大學跟智利大學一樣，本來屬於大學體育的一部分，後來獨立成為專業的足球球會。兩者之間的對決，被視為「大學打比」。天主教大學的 San Carlos de Apoquindo 球場，位於聖地牙哥東北的 Las Condes。

區內高級食肆和商場林立，也有不少不少大型及跨國企業的總部設立在此。包括 Las Condes 內在，連同 Lo Barnechea 和 Providencia 等東北部區域，是全國最富有人士的聚居地，逾四成人口屬社會階級的頂層。

一趟簡單的巴士車程，便足以觀察聖地牙哥以至智利的貧苦差距。來到富人區的範圍，彷彿感覺煥然一新。不單市容整潔、井井有條，而且不時可欣賞公園設施，也羡慕別人豪宅的華麗。Las Condes擁有最高比例的綠化地帶，四周儼如公園城市，跟首都南部的塵土飛揚、攤販處處，形成強烈對比。

經過好些大學建築和公園範圍後，巴士終於到達，我沿斜路上坡前往球場。球場的外觀是淺藍色的，會徽是一個白色倒數的瘦長等腰三角型，中間藍色的十字，清晰地表達其宗教背景。球場的外圍比想像中普通，讓我想起這個一九八八年建成的球場，一直在申請擴充計劃。作為國內第三大的球會，只有一個容納不足二萬人的球場，實在說不過去。

我說明來意之後，職員為我提供查詢的聯結方法，也讓我隨意在球場內參觀和拍照。球場內的展板，記下球隊多年來的重要歷史時刻和經典球星。然而，最吸引我的，卻並非這些資料性的紀錄。反倒是球場的地理位置。球場座落在安第斯山脈（Andes Mountains）的山腳地帶，不僅擁有巍峨雪山作背景，以居高臨下之勢遠眺繁忙的聖地牙高，感覺更是與別不同。

到訪天主教大學讓我更明白，傳統上球會作為富人代表的意思。雖說此類高度概括的說法並不盡然，尤其高魯高魯的受歡迎程度、智利大學近年在國際賽的成功等，讓他們的人氣得以擴展至不同階級，但整體而言，三者代表社會階級的趨勢仍在。二〇一九年相關的報告指出，天主教大學的球迷佔全國6％，其中來自社會階級首三層的AB、C1A和C1B仍是佔大多數。

參觀過後，我隨意地閒逛，看附近的獨立屋、網球場和醫院等。我看到一群年青人在接受正規的訓練，似乎是屬於球會的青年軍。我在陽台上舒適地觀察，旁邊是正在玩iPhone的孩子、身旁的家傭和幾位似乎閒來無事、悠然自得的「闊太」。我心想「這裡有屬於自己社區的氣氛」。

「後獨裁智利」下的「生老病死」

陽台上闊太的神態，遠未足以道出智利的實況。在機緣巧合之下，我得以認識曾旅居香港的「智利仔Lucas」，他對於智利貧苦不均的情況感觸良多，他開宗明義的說：「在聖地牙哥，最富庶的地區堪比德國，最貧困的地方卻猶如蒙古。」

過去四十年，智利整體經濟高速成長，甚至有「智利奇蹟」的美譽。在被稱為「芝加哥男孩」（Chicago Boys）的經濟學者主導之下，智利成為新自由主義的實驗首站。自皮諾切特政變上台後，智利全面奉行新自由主義，堅持「大市場、小政府」，貿易自由化、國營企業私有化、開放金融市場和削減政府預算等措施。

然而，一切奉「市場至上」為最高原則，卻令貧者越貧，富者越富。智利現今社會，由1％的富人坐擁國家33％財富，而逾半的貧窮人口只佔國家財富共2.1％。國家的兩成人月入僅為不足一百四十美元，近半只有大約五百五十美元。

Lucas從自身成長經歷出發，力數智利的民生之苦。Lucas兒時的成長環境較窮，只能在公立學校上課。他憶述學校的設施陳舊，幾乎所有的東西都是破爛或缺陷的。小時候住的地區治安不佳，要將零用錢收藏在鞋與襪之間，以免被劫。到後來父母的經濟環境改善，Lucas得以在「中產學校」讀書。他表示學校竟有草地足球場和泳池等完美設備，而同學間的生活圈子和方式，也跟其兒時大為不同。親歷階級流動，令他對社會階級和公義的感受尤深。

「政府沒有將教育視為責任！在智利，教育只是一門生意。」智利的公立和私營學校之間的質素嚴重斷層，無論是設施、師資、校風和認受性等皆無可比擬。智利政府鼓勵私營教育，並推行學券制，進一步令教育出現階級分層和割裂。因為草根和中產皆無力承擔高昂的學費，富人壟斷貴族學校和高等學府，富家子弟從小坐擁豐富資源、機會、人際網絡和學歷認受性，進一步拉闊社會階級的跨代鴻溝。Lucas說，有些富家子弟從小已獲「保證」其專業人士之路，即使他們在大學中不學無術、夜夜笙歌，但智利許多專業都沒有設立統一資格或中央考核的系統，只要有人能出示名牌大學的畢業證書，其專業資格都會被承認。他補充指，就算富人只以掛名形式買入大學資歷，都欠缺系統規管，這些人卻可以擔任律師、工程師、醫生和學者，做其「上等人」。

可恨的是，不少論述仍將社會階級的流動性，與個人質素勾掛，指責低下階層的貧困是咎由自取，漠視結構性的不利環境。貧富懸殊的問題，遠不止於階級流動，在極度商品化下的智利，其影響更是生老病死全方位的。

自一九八一年，智利立法容許水資源作為可買賣財產，並成為全球唯一將將水資源和相關管理徹底私有化的國家。以 Lucas 的說法是「連落雨時，人們私下儲水都被視為偷竊」，荒謬得難以想像。私有化政策雖然能吸引外資和帶來技術，但亦變相將水資源落入來自法國、西班牙和日本等外資企業手上。在市場主導的大原則之下，政府規管有限，企業為使利潤極大化，將成本轉嫁至消費者，已對低收入人士構成沉重生活壓力。即使普世價值都認同清潔食水和生存為人類基本權利，但又有多少政策與之相符？全球氣候變遷，智利連年乾旱，百姓滴水難求之際，卻優先容許大量用水的礦場正常運作。維持經營生意、「賺錢搵食」等經濟活動正常運作，被奉為至高無上金科玉律，相比之下，人生存的最基本權利卻被不斷蠶食，遑論其生活質素和尊嚴。

自皮諾切特於一九八一年推行私營化的退休金制度，舒緩舊制對國家財政的重擔，亦促使大量資金投入金融、基建和房地產等範疇，帶動整體經濟發展。智利政府強制僱員須以每月10％的薪金納入個人退休帳戶，作滾存和投資之用，並以本金及回報作的退休金。然而，私營的基金管理公司競爭激烈，他們用於市場推廣和銷售等的巨額開支，最終都轉嫁予群眾。不管投資基金的回報表現如何，僱員都需要支付高達1.5至2％的管理費用。

在推行新制之初，政府曾經表示僱員可於退休後每月獲得等同其最後薪金的七成，但實際是許多人年老時才發現，每月能夠領取的退休金，連最低工資的水平也不如，難以應付基本生活。辛勤工作半生，卻落得「到老一場空」的田地。即使近年政府屢屢推行措施，嘗試補足退休金制度的不足，但既不治本，也難治標。現行的退休金制度難免予人剝削大眾，獨肥基金管理公司之感。

智利現時採取公私營混合醫療保險，私營的醫療保險ISAPRES收取巨額保費，提供高額保障和高質素醫療服務，公營的FONASA則收較基本費用，但保額有限，也只能提供低質素的醫療。Lucas一邊向我展示智利公私營醫院的分別，一邊說：「智利最好的醫院，無論設備、服務和人才都是世界級，但費用高昂得只有富人能夠負擔。此外，高質素的還包括軍人醫院，至今軍人仍是智利的特權階級。」他展示的公立醫院，猶如一間細小的診所。公營醫療系統設施陳舊、質素低落，卻是八成人口的依靠。公營醫療服務的輪候時間平均為數年，不少人在期間病情惡化、飽受煎熬，甚至不幸離世。統計指，智利富人和窮人的平均壽命差距達十數年。

即使一九八八年公投成功終結獨裁，讓智利重歸民主制度。但是老謀深算的皮諾切特，早已為自己準備護身符。軍政府同意推行公投的條件，就是必須沿用一九八〇年獨裁者制定的憲法。此舉保障皮諾切特離開總統之位後，仍保有軍隊總司令一職，其後亦成為終身參議員，享有終身的司法豁免權。加上七八年通過的特赦法，令軍政府於緊急狀態下的惡行被「依法赦免」。

重歸民主後的首任總統艾爾文（Patricio Aylwin，台譯艾爾溫）雖然成立「真相和解國家委員會」，調查軍政府的侵害人權情況，力求還原真相，追究司法責任，但礙於軍人的魔爪仍然纏繞和保守勢力的牽制等，顯得力有不逮。重歸民主初期，尋回真相、追求公義的路舉步維艱。

「生者朝不保夕、老者徬徨無依、病者聽天由命、死者含冤九泉。」過去三十多年來，智利人多番嘗試改變狀況，卻赫然發現，皮諾切特始終陰魂不散，獨裁時代的憲法一直延禍至今。過去不論是群眾以社運表態，或政治人物的改革意向，包括二〇一五年美洲國家盃前夕針對教育制度不滿的罷工和學運、一六年爭取改革退休金制度和水價抗爭等，都礙於憲法所限而功敗垂成。

人們逐漸發現，所謂的「智利奇蹟」，只是一個美麗的騙局。大眾無法分享經濟成果，社會持續不公義。民主化只完成一半，憲法不僅傾側於極小部分人的利益，更保證軍人警方的指定參議員身分。轉型正義過程令人失望，「被消失」的人仍然死無全屍、含冤未雪。

在名為「時代」的賽場上，智利人踢得火花四濺、頭崩額裂，落後之下他們竭盡所能地取得入球。當聽見球證鳴笛，滿心歡喜，卻發現只完成上半場，距離勝利仍是言之過早。

二〇一九年抗爭

雖然政權施以金錢利誘、武力威迫，甚至用足球麻醉，曾一度似有「維穩」之效，但是社會持續的不公義，終於有爆發的一日。二〇一九年，全球風起雲湧，註定是改變世界歷史的一年！

一九年十月，首都聖地牙哥的地鐵，於短期內再度加價，引發學生發動「大規模逃票」的形式抗議。由於警方濫用武力，加上對親社運人士未審先判，令民怨一發不可收拾，演變為全國性的大型示威。抗爭者高呼「智利覺醒」（Chile despertó），表明「不是30披索，是30年！」（¡No son 30 pesos, son 30 años!）。面對三十年來的不公義，智利群眾拒絕敷衍了事、小修小補，痛定思痛、堅決抗爭。

在位者對訴求不聞不問，先稱抗爭者為「暴徒」，啟動緊急狀態，以軍方「迎戰敵人」，到後來公布「暫緩」加價，亦只被視為應對技倆，漠視民意訴求。即使上百萬人上街，政權的態度讓人相信「是你教我們和平遊行是沒用的」。當和平發聲不得要領，抗爭者行動升級，政權就如獲至寶地渲染「示威者暴力」，強調「止暴制亂」如何合理合法。

二〇一九年抗爭以來，至少造成近三十人死亡，三千多人受傷，其中至少三百五十人盲眼，還有數以百計警方對抗爭者的酷刑和性暴力的控訴。許多的證據顯示，軍警人員假扮抗爭者生事，藉以「合理化」行使武力。此外，網上流傳的深夜棄屍片段，被廣泛相信是軍警對「被消失」抗爭者的事後處理。面對群眾對警暴的指責，總統皮涅拉（Sebastian Pinera）的表態清晰，不僅公開維護軍警，更增加其預算。至於親政府人士，不論是非法持有槍械，或是街頭傷人，都被警方選擇性執法，甚至明目張膽地護送離開。

政治問題必須政治解決，智利不容再走軍事介入的舊路，同樣地足球也拒絕作為政治維穩或生活麻醉的工具。一九年的抗爭特色之一，是對傳統精英的質疑，轉為以社交媒體號召，群眾直接參與的「無大台」形式。在智利，天主教教會獲群眾信任程度和影響力，早已大不如前，而工會組織亦因右派打壓和「反工會法」而沉寂多年。在持續的抗爭中，足球找到其帶動意識覺醒和凝聚團結的角色。

足球在智利社會，作為人與人之間的連繫，構成強烈的共同身分和凝聚人際關係的族群。作為社會連結的旗幟，球迷組織的號召和自發行動，在抗爭中發揮關鍵作用。以低下階層為主的高魯高魯為例，球迷們正正受盡多年貧富不均之苦，對於發起抗議社會不公的遊行，自是一呼百應。只是這一年，透過全民抗爭，足球得到身分認同上的昇華。

一幅由四名球迷在遊行期間的合照在網上廣泛流傳，並成為抗爭運動中團結智利人的象徵。一九年十月，於一場由高魯高魯球迷發起的遊行中，廣大的球迷不分彼此地參與，曾經敵對的旗幟在同一天空下共舞。其中四位陌生參與者，分別身穿高魯高魯、智利大學、天主教大學和智利國家隊球衣，他們忽發奇想的合照，被視為智利足球歷史上的「大和解」。

這令我想起 Guillermo 和 Lucas 都曾經強調智利足球仇恨的危險性。據他們所說，因為身穿球衣而無故被敵對球迷襲擊的例子，其實屢聽不鮮。過往大量的球場暴力，例如千禧年代多次發生球賽後的大型衝突，令人難以置信宿敵球迷可以和平共處。

撇開門戶之見、放下恩怨情仇，智利覺醒，認清更重要的事，足球向前邁進一步。其後，球迷們展示在電視塔前，展示一幅由不同球會顏色和會徽組合而成的標語橫額，表示「我們已浪費太多時間互相鬥爭」（perdimos mucho tiempo peleando entre nosotros）。

武力無法平息社會抗爭，民怨和憤怒更於二〇年一月達至沸點。一名高魯高魯球迷於賽後警民衝突時，被警車撞死，被視為警暴的延續。來自不同球會的球迷聯合發起遊行和哀悼，並繼續阻止智利聯賽復賽。群眾要求在政權回應訴求、追究警暴之前，足球比賽都不應如常進行。球迷拒絕「回復正常」，因為他們認知到，過往的所謂常態才是不正常。

重要的是，球迷在抗爭之中並非獨行。不少著名的球員和領隊，都參與遊行和社會抗爭。國家隊門將巴禾（Claudio Bravo）就曾發言聲討，對政府「出賣國家的水、電、教育、川林大澤等種種一切」表示忍無可忍，認為「智利不只屬於一小撮人」。一九年十一月，當國內星火燎原之際，智利國家隊成員集體罷踢與祕魯的友誼賽一戰，球員維達爾（Arturo Vidal）、美度（Gary Medel）等公開發言聲援抗爭者。

覺醒後的智利人，期望開創更具公民參與的未來。他們投入街頭抗爭之餘，亦積極探討過往的制度漏洞、社會結構性問題和改善方案。無數的公民討論在網絡和實體進行，其中最大型的一次，約二千五百人在高魯高魯的紀念碑球場，進行數小時的「憲法會議」，商討制定新憲法的方向，以建立更公平公義的社會。

一九年，這場前所未有的社會抗爭。由民生小事引發，經過警暴的催化、足球作支援，智利社會空前覺醒和團結，提出包括經濟改革、修改憲法、改善民主、司法公平和抑制警權等清晰訴求。這場犧牲巨大的社會運動，能否改變命運，將由歷史作出見證。

下半場：制憲

滄海桑田，八九年人民清晰地表達對民主自由的訴求。其後三十年，政權以「經濟奇蹟」蒙混過去，卻未有正視人民的所需。專權者以國家安全和維護經濟為理由，為惡行狡辯。這些破壞制度、篡改歷史、專橫濫權、製造恐怖的人居然還敢搶佔道德高地、顛倒是非。

從一九七三年軍事政變，到九〇年代重歸民主，至二〇一九年智利覺醒，歷史總是緩慢流動，但川流不息。

抗爭過後，智利於二〇二〇年舉行公投，結果逾78%的人支持制定新憲法，成立「全民直選制憲委員會」。群眾要求藉新憲法，改革水資源、教育、醫療、福利、退休金和貧富懸殊等社會頑疾。

球賽尚未完結，下半場仍要踢下去，加油！暴政必亡，願與智利共勉。

CHILE

瓦爾帕萊索曾有「太平洋寶石」的美譽，以纜車連接山城和海港，充滿特色。

國家球場外，豎有悼念死難者的裝置。

國家球場的慘劇過後，現永久保留一處舊看台，寫有「沒有記憶就沒有未來」以警後世。

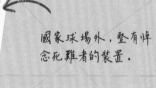

高魯高魯的紀念碑球場內的日照金山，令人難以忘懷。

球場內的壁畫，展示高魯高魯撼動人心的各個時刻。

瓦爾帕萊索的太平洋景色，連國寶級詩人聶魯達也感心醉。

二、為甚麼有智利球會會在礦場大合照？

智利，是世界上最狹長的國家。她的國土南北長四千三百多公里，東西寬約九十至四百公里，是世界地理上的奇葩，也是不少人對她的最早認識。

在西班牙人侵襲之前，現今智利國土分屬印加帝國和不同的原住民部族，後者包括中南部的馬普切人和南部的德偉爾切人（Tehuelche）等。智利於一八一八年宣布獨立，脫離殖民統治，當時的實際領土只有現今的中部地區，自然也沒有「自古以來的既有領土」。

顛覆殖民帝國後，各國局勢動盪，國界含糊，埋下日後領土爭議和兼併戰爭的伏線。野心勃勃的智利，對外採取擴張主義，決心擴大版圖。然而東依安第斯山脈、西臨太平洋的天然地理局限，令他們只能將視野放諸南北。

一八八三年，智利在太平洋戰爭擊敗秘魯和玻利維亞，領土得以向北伸延。同年，他們多年來採取軟硬兼施的手段，終於收穫馬普切人的 Araucania 地區。此後，他們順勢往南，加強對巴塔哥尼亞地區（Patagonia）和火地島地區（Tierra del Fuego）的控制，但其繼續東侵的目標，則為阿根廷所阻。一八八八年，智利施計正式吞併復活節島（Isla de Pascua）。經過多番的擴張後，領土向南北大幅延伸，現今已是獨立時的大約三倍，也形成奇特的狹長國土。

旅人遊歷智利一國，便可經歷由北到南的沙漠氣候、亞熱帶地中海型氣候、溫帶海洋性氣候到寒帶氣候，堪稱地理學上最佳的體驗。

由高原到沙漠

如果要數南美洲的「明星景點」，玻利維亞烏尤尼鹽湖（Salar de Uyuni）的「天空之鏡」定必榜上有名。由於地殼變動，曾經位於海底的部分，因摺曲等地理運動，變成高原上的海水湖泊，經歲月乾涸之後，形成鹽湖此一地理奇觀。當鹽湖鋪上一層淺淺的雨水時，正是波平如鏡，連天上的繁星都能映照的天空之鏡。

有趣的是，天空之鏡的人氣彷彿只限亞洲旅人圈子。烏尤尼的主打行程，其實是鹽湖三日兩夜團。坐上吉普車，彷如進入夢幻的世界，廢棄的「火車墳場」、奇特的仙人掌島、不同顏色的高原湖泊、礦物味濃的溫泉、成千上萬的紅鶴，還有奇岩怪石和高原生態，美不勝收，令人嘖嘖稱奇。

這幾天，我常常看到野生的羊駝經過，除了拍下不少相片外，還認識他們大家族中各成員（Llama、Alpaca、Vicuña和Guanaco）的分別。鹽湖團的最後一站，來到鹽湖的西側，已經很接近智利邊境了。不少旅人坐上本地團安排的專車，直接從這裡前往阿塔卡馬沙漠（Atacama Desert，台譯阿他加馬沙漠），前往那本來屬於玻利維亞國土的部分。

比起鄰居玻利維亞，智利似乎總是更懂得生財之道。本來荒蕪的阿塔卡馬沙漠，被打造成熱門的旅遊景點。沙漠小鎮 San Pedro de Atacama 旅遊配套充足，是旅人的聚居地。騎單車往月亮谷（Valle de La Luna）看日落、到 Laguna Cejar 體驗死海、躺在沙漠上觀星望月，我們以最自由自主的方式，悠閒地享受這裡發展成熟的沙漠旅遊。

最接近這裡的城市是卡拉馬，它只是大部分人眼中的中轉站。人們直接由機場或長途車站往來 San Pedro de Atacama，但它卻是我的主要目的地。

礦業城市

卡拉馬的市容並不吸引，樸實到近乎簡陋，而且塵土飛揚，難言討好。然而，比起那個歡騰熱鬧的沙漠小鎮，這個沉悶單調的礦業城市，才更真實。而且，雖說旅遊業吸金力驚人，但這個礦業之都才更掌握智利的命脈。這裡有世界最大的露天銅礦坑。

回說玻利維亞痛失此地的歷史，這是個一沉百踩的故事開端。由工業革命帶動的人口激增和農業革命，歐洲的土地養分過度流失，嚴重影響農業生產和糧食供應。後來，化學家發現海鳥糞和硝石的化學成分，既可用作製成化學肥料改善土壤品質，更可作為炸藥的原材料之一。一時之間，鳥糞礦和硝石就成為珍貴的戰略資源。

阿塔卡馬沙漠作為世界上最乾燥的地方，降雨量極少，海岸邊和島嶼上的鳥糞經過千百年歲月，堆積如山。發現鳥糞和硝石的豐富蘊藏量和價值後，荒蕪的沙漠突然變成兵家必爭之地。一八七八年，玻利維亞向在其領土取得經營權的智利公司徵收硝石礦稅，其後演變成智利出兵佔領玻國的港口城市安托法加斯塔（Antofagasta），太平洋戰爭遂於一八七九年爆發。這場玻國秘魯聯軍，對戰智利的資源爭奪戰，又被稱為硝石戰爭（Guerra del Salitre）。（總不能叫「搶屎戰爭」吧？）

歷時數年的戰爭，以一八八三年兩國大敗告終。秘魯需永久割讓Tarapacá地區，並將Arica及Tacna兩區交予智利管轄，至一九二九年才能取回後者。隨著失去其安托法加斯塔地區，喪失海岸線的玻國成為內陸國家，自此苦苦掙扎、一蹶不振。智利奪得大部分阿塔卡馬沙漠，更在基卡馬塔（Chuquicamata）發現世界上最大的銅礦，玻利維亞實在是欲哭無淚。（至於英國和美國如何分別以操控硝石和銅礦的方式，剝削和掌控智利則在此不贅。）

有「銅礦之國」之稱的智利，在蘊藏量和產量都是世界第一，兩者皆大約為全球的30％。礦業為國內最重要的經濟產業，長年共佔其出口近50％、國民生產總值逾9％，其中九成為銅礦生產，逾半產自安托法加斯塔地區。卡拉馬隨銅礦業日益發展。自七〇年代開始，礦工陸續從基卡馬塔的員工小社區，遷進卡拉馬市內居住。

至二〇〇五年，基於礦場附近的環境污染和擴建等原因，智利國家銅公司（Corporacion Nacional del Cobre de Chile，CODELCO）計劃關閉員工小社區，並不再為員工提供免費住宿。在大約十五萬人口中，除了直接受雇於銅礦業的員工外，還有諸如硫磺、硼砂和硝石等其他礦業工人，相關的工業及加工廠，當然還有飲食和服務業從業員等，是名副其實的礦業城市。

雖然卡拉馬並非旅遊城市，但其實深入觀察，會發現其有趣的一面。市中心的一個噴泉上，正是挖礦工人的雕像，活脫是本市的象徵。這城市的大小事物，都離不開礦業。卡拉馬最常見的大型廣告版，都跟礦業有關，包括相關的機器或用具。這當然跟礦工們最切身需要和消費有關。

然而，沒想到連玩具店都以礦業機械作為招徠，我可以想像孩子們玩著「爸爸的」推土機或起重機，整天在玩得不亦樂乎。當我看到旅遊紀念品店內的產品，都是銅製或跟銅礦業有關時，早已不感驚奇了。至於礦工的日常生活以至娛樂模式，從（不知是否運作的）馬戲團、賭場和酒吧街，似乎也略見端倪。

我在市內亂逛，對於幾家「神秘的」場所興趣尤深。本來以為只屬夜店，不料卻在光天化日之下保持營業。我懷著旅行作者不入虎穴、焉得虎子的心態一探究竟，發現店內是昏暗的酒吧，店員想當然全是女性。我在吧台以有限的西班牙語點了一枝啤酒，低調地觀察箇中百態。

顧客全都是中年男性，女店員幾乎是一對一地招待，但都是聊天陪酒，沒有進一步行動（至少在我面前沒有）。不論是店員或顧客都對我有所興趣，我盡力表明身分和來意，而對方因語言不通也耐性有限，就任由我自斟自酌。我也自得其樂地，與別人保持距離，遠遠旁觀這個「佬味」十足的城市。

銅業打比

跟不少來自工業城市的著名球會相近，工人階級往往是足球的堅定支持者。卡拉馬不僅擁有屬於自己的球會，它甚至是智利球壇的一股勢力。

在卡拉馬逗留的短短數日間，我竟有幸入場觀賞智利國內極具特色的打比戰——銅業打比由代表本市的主隊哥比路亞出戰，對手是阿塔卡馬礦業重鎮 El Salvador 的科布雷素（Cobresal）。所謂「Cobre」就是西班牙語中「銅」的意思，而 Loa 就是本省 El Loa 或所在地的河流 Río Loa 的名字，顧名思義就是兩者合一。仔細一看，同樣是「姓」Cobre 的後者，會徽甚至畫有礦工的安全帽呢。這可算是世上絕無僅有的打比戰吧？

由於新球場尚未啟用，球賽只能在 Estadio la Madriguera de Calama 進行。這個由球會擁有的小球場，僅能容納約四千人，但作為新球場建成啟用前的過渡，也算是恰如其分。我隨著主隊球迷一起興奮進場，大群身穿橙色球衣的球迷擠擁在這個小球場的看台上，令這場智利頂級聯賽的正式賽事，猶如一場家庭式的周末地區賽事，反倒增添幾分溫馨。

看台上沒有遮蓋，大伙兒都在烈日當空之下，與球員一起全場暴曬。球迷們黝黑的皮膚，說明了他們早已習慣這種沙漠生活的乾燥和陽光，只是帽子和太陽眼鏡都不可缺少。他們之中，大部分是男士，但部分也有女伴或孩子同行。看著球隊早早落後，主隊球迷也不是味兒，不少人情緒激動，經常高聲呼喊或破口大罵。

主隊落後之後傾力反撲，攻勢主要集中在中央，終於扳回一城。可惜，一分鐘之後就迅即被破門，極速再度落後之下，士氣大挫。隨著客隊再進一球，將人手掀動的比分牌改為1：3後，主隊已無力回天。整體而言，兩隊在基本技術和皮球運用等水平，都比我之前在哥斯達黎加、秘魯等地看過的拉美當地聯賽出色。

印象中，看到球員的幾下控高波、轉身過人和「通坑渠」等都相當不錯，而主隊28號球員Ignacio Herrera的傳中質素亦頗高。作為與智利足球的首次親身接觸，銅業打比賽在是極佳的體驗。我更向在場的職員表明身分和來意，對方為我提供了聯絡方法，讓我得以進一步訪問這家顯赫一時的礦業球會。

訪問哥比路亞

翌日，我獲球會經理Gabriel Torrejón親自接待。進入經理辦公室之前，我被牆上掛著的攝於礦場的球隊大合照所吸引，好奇心和興奮更甚。

「為甚麼球會會在礦場大合照？」

接見我的Gabriel，是一位滿頭白髮、身型略胖、親切敦厚的男士。他明白我的來意後，他大感興奮，示意會盡力協助，知無不言。他雀躍地表示：「期待遠在香港的朋友，也能聽到我們的故事。」

他侃侃而談，為我細數球會的歷史。「哥比路亞是很特別的球會，我們成立的初衷就是為礦業工人帶來歡樂。」銅礦業在智利舉足輕重，但礦業工作辛勞乏味且有一定危險性。

基卡馬塔礦場的大型開發，最初是由一家美資礦業公司所負責。該公司於一九一五年起，便在礦場附近興建小社區予員工。至五〇年代，基卡馬塔社區的居住人口已達兩萬四千人。然而，公司只提供基本生活需要，在工作和生存以外，礦工們的情感需要未被滿足。

早於五〇年代，已有聲音提出，希望為與基卡馬塔同為一體的卡拉馬爭取成立一支職業足球隊，作為一種身分認同的代表，並凝聚社區和提供娛樂。然而，位處邊陲的卡拉馬，在建立自己的職業球隊的路途上，經歷一波三折。無論是因地理偏僻為由被聯賽會拒絕，還是先後嘗試以「借殼」、合併或「眾籌」等形式，都因不同原因告吹。

在各界的努力和一九七一年國有化的智利國家銅公司的支持下，哥比路亞於一九七七年正式成立，希望將夢想和快樂帶給礦工。球會採取會員制，以礦業員工為其會員，且獨立於智利國家銅公司。礦工們對擁有代表自己的所屬球會展示強烈的歸屬感。於球會成立之初，已有五萬五千人捐出部分薪酬，協助組織。球會由礦工的工資組成，絕對是有血有汗。而且，成立初期，所有會員可共同參與收購球員的決定，著名球員如智利後衛 Mario Soro 和烏拉圭最佳門將 Ladislao Mazurkiewicz 等，深深感受到自己被球迷選中和認同，因而衍生對球隊的責任感和投入度。

Gabriel 興奮地說：「我們希望將專業人士、著名球員和礦工組成一個團隊，屬於大家的球會。因為團結一致和資金充裕，球會很快便踏上成功之路。」哥比路亞於成立後的首年，便已升上頂級聯賽，並迅速崛起。球會於八〇年代四奪甲組聯賽錦標和一九八六年智利盃冠軍，並於八一和八二年連續兩年殺入南美自由盃決賽，可惜都僅敗給後來的「世界冠軍」。[1] 作為國內首支礦業球隊，哥比路亞的成功，衍生出國內以至拉美其他礦業球隊的成立。

Gabriel 向我展示球會的架構圖，讓我了解球會的制度。球會有十七名管理層，其中為一名總經理，另外三名經理分別支援法律、公關和球隊事務。球會行會員制，每兩年舉辦一次定期會員大會，選出其中八名管理層，兩年後再另算九名，至今球會的重要決策都是以公投形式，由會員決定。這是真正屬於礦工（會員）的球隊！

「何不一起看看我們的新球場？你會更明白球會的故事。」在 Gabriel 的帶領下，我得以參觀尚未啟用的新球場。新球場名為卡拉馬沙漠之狐球場（Estadio Zorros del Desierto de Calama），充分顯示出本地的沙漠身分認同。球場的外觀設計，與日前所見的智利國家銅公司總部同出一轍。水泥建築結構外，添上銅色的外框作修飾，簡單而清晰。四邊為單層式看台，其中兩邊有上蓋，座位約一萬兩千個，不

1 八一年的冠軍法林明高（Flamengo）和八二年冠軍彭拿路（Peñarol），分別在洲際盃（Intercontinental Cup）擊敗歐洲盟主，成為當年的「世界冠軍」。

規則地白橙相間。球場內不少細節，包括整體外框、看台上蓋底部，以至部分支柱，都走「銅業風」，可謂別樹一格。

Gabriel 期待隨著新球場快將啟用（二〇一五年四月），球會將邁向新一頁。他訴說球會歷史上首場正式比賽，並非在卡拉馬舉辦，而是在基卡馬塔。那時候，基卡馬塔仍有上萬人居住，大家一起見證屬於自己的球隊誕生的盛事，當時作賽的部分球員仍是礦工身分。

相比智利足球的發展，哥比路亞無疑屬於新生代球會。然而，初生之犢不畏虎，尤其於獨裁統治下的八〇年代，資金充裕的哥比路亞，是國內唯一可與「被祝福」的班霸高魯高魯分庭抗禮的球隊。雖然現時高峰已過，但球隊與本土的連結不減，平均每場比賽皆有近萬球迷進場，每逢重要賽事更會座無虛席。

「知道球場距離基卡馬塔礦場多遠嗎？」Gabriel 問。我說：「大約十五公里吧？」「是的，但兩者之間其實沒有距離。」他補充說。我心想「太浪漫了吧？」

礦場一年三百六十五日二十四小時全天候運作，總會有礦工錯過球隊的比賽日。每當在球隊作賽時，礦工會坐在機器上，邊工作邊收聽收音機轉播，每當入球時，大家都會一起響安慶祝。

他與我分享一九八一年球隊射破法林明高的網上片段中，旁述以外的響安聲，就是來自礦場的回響。類似的情況，也在著名球員離世的喪禮中出現。在儀式舉行期間，礦工會以響安作為最後的送別。即使相距多遠，藉著收音機互動，礦場緊貼球賽的消息，球場也收到礦工的示意，這是球場與礦場的緊密相連。礦工的浪漫，聽得令人感動。

除了礦工以外，哥比路亞也得到銅公司和商界的認同。每當球隊成績理想，礦工們情緒高漲，連帶礦場生產力也有所提升。球隊也深得不少與礦業相關的公司贊助，除了因為商機考慮，更是因為欣賞球隊與礦工的連繫。

我站在球場的草地中央，環顧四周。我想像在半空中俯視鳥瞰，在廣闊乾旱的阿塔卡馬沙漠中，竟有一片青蔥的草地球場，這是多麼的奇妙。在卡拉馬這個沙漠中的大綠洲，周邊竟含有以銅為主，也包含金、硫磺和硝石等豐富礦產。在不毛之地中的這個綠洲、這片草地，盛載著許多人的夢想。

在十五萬卡拉馬人口中，至少有兩萬多人來自智利的其他地區。他們為了個人發展和家庭生計，不惜遠道來到沙漠中央生活，原初不過是因為收入可觀。然而，也許正是這種奇妙，使許多人對本地產生不可分割的連結和身分認同，並最終落地生根。

「我們主場的戰績曾經令人聞風喪膽。」Gabriel 所說的並非自吹自擂，哥比路亞於一九八〇年至八五年，五年內連續九十一場主場不敗，至今仍是智利球壇紀錄。「然而，因為政治因素和利益問題，我們曾經被迫移師到聖地牙哥作賽，因而失去主場之利。」他開始訴說球會遇到的不公平和困難。

於千禧年代後，許多球會轉為私營或上市公司，智利整體足球生態急劇改變，勢力版圖也被扭轉。面對抉擇，哥比路亞拒絕跟隨，仍然維持會員制團體，堅守球會的根本、使命和初衷。然而，球會不僅面對在財政和政治力量上，跟首都球隊差距越來越遠，更屢被不公平對待。他以〇三年一筆達二百萬美元的稅項為例，其稅收準則含糊不清，認為是一種政治迫害。〇四年，是球隊至今最後一次奪得國內冠軍。

哥比路亞同時作為北方和礦業的球會，背後代表國內一方的勢力。足球場上的競技，也被牽扯到前者與首都精英們的角力之中。Gabriel申訴當局為扶植首都球會，無所不用其極，包括以未明的稅項作經濟打壓和球證明顯的偏袒等。

礦工遠在荒漠中央刻苦工作，卻因作為勞動階層受到歧視。北方人面對自傲的首都人，受盡對方對「鄉下人」的白眼。他們親歷聖地牙哥坐擁政治優勢，打壓其他地區。因而，他相信球會不止為成績而戰，也為礦工、北方、沙漠人和弱勢而戰。為此，即使已跟宿敵高魯高魯的差距越見明顯，但唯獨不容許己隊在打比戰（Clásico Albo-Loíno）中落敗。

即使 Gabriel 表達得甚為冷靜，但我仍感受到他心中的一團火。儘管球會高峰已過，但我相信他們尚有一定的低蘊。我問及近年的青訓之寶——阿歷斯．山齊士（Alexis Sánchez）。他笑逐顏開，自豪地細說他是首位面試山齊士的人，仔細形容年少時的他如何光芒四射。

訪問完結後，我本來打算告別，Gabriel 卻問我是否另有安排，原來他今天的工作時間靈活，打算帶我到附近遊覽。他駕車帶我往來卡拉馬和基卡馬塔，為我介紹沿路景觀，還協助我安排翌日的礦場導賞。在連接兩地的公路上，有一處觀景台，展示一塊巨大的礦石，我們在這裡遠眺卡拉馬的城市景觀。

及後，他甚至帶我到府上，既送我球隊紀念品，也順道認識其家人。晚上，他和球會的其他高層一起與我共膳。我們在市內的商場食肆吃日本菜，喝著清酒，暢談旅行和足球的種種，不知不覺便過了幾小時。當我想付款時，他們異口同聲地婉拒。「你就不用客氣了，我們很高興能夠跟你交朋友。這是北方人的熱情好客和濃厚人情味，我們跟首都人不同。」因著足球，我更深入地認識旅行的地方，也遇上種種奇遇。比起訪問大球會的經歷，我更喜歡這種非官方、隨意和人情味。

礦場生活

翌日，我乘車前往基卡馬塔，滿心期待地參加智利國家銅公司官方的礦場導賞。沿路的廣告牌，示意基卡馬塔一百周年的歷史時刻，為我的到訪加持。穿過「CHUQICAMATA」大字的牌坊下，就是自一九一五年起礦工所居住的社區。現時基卡馬塔的員工宿舍已經荒廢多年，但從剩下的教堂、遊樂場和公園等設施，加上紀錄片片段，仍可想像當年的礦工及其家人的生活。

我向接待處登記後，便與同行的其他旅客，穿上特定的橙色外衣背心工衣。導賞員帶領我們前往小型博物館，藉舊日相片和展品，講解基卡馬塔礦場、社區和銅公司的歷史和轉變。可惜的是，導賞團只安排西班牙語，我能吸收的內容非常有限。

博物館簡介後，我坐上導賞團的車進入礦場範圍。沿途看見大型的吊臂機，也有估計是工序用的蓄水池。十數分鐘後，我終於來到礦坑的所在地。下車的地點，是專屬的「觀景台」，有足夠的欄杆保護。礦山被開闢為層層連接的道路，彷如另類的梯田。

我看著運泥車絡繹不絕地往來，與挖土機交頭接耳，遠看像覓食的螞蟻。這裡多不勝數的巨型機械，跟玻利維亞玻托斯的全人手挖工形成強烈對比。然而，塵土飛揚的環境，仍然令礦工面對包括矽肺病（Pneumoconiosis，又譯肺塵病）等健康問題。辛勞乏味、職業病危機，加上礦場工作難免存在意外風險，無怪乎業界需以高薪作招徠。

雖然導賞團只有西班牙語，但當導賞員完成官方介紹後，也主動地與我用英文交流。我向他了解礦工的生活狀況。他表示許多外國人特地來到卡拉馬投身礦業，包括玻國、秘魯和哥倫比亞等南美鄰國。除基本礦場勞工外，尚有維修工程和技術人員，還衍生運輸、食堂、礦產過濾和分類等大量工作機會。

當中不少外國人都是任職基層勞工，月入由五千至一萬港幣不等。至於技術礦工，則由一萬至三萬港幣。除了面對沙漠的乾燥氣候外，還要適應高低氣壓的轉變，因此公司會要求員工通過基本的身體檢查方可入職。智利標準工時為每周四十五小時，因為礦工的工時甚長，不少人可以工作數天再休息數天，故在放假的日子或會回到原居地城市。

我看著眼前的露天礦場，礦工操作大型機械忙過不停。突然想起玻托斯疲憊的礦工，在漆黑的礦洞內與世隔絕。有一刻，我認為智利的礦工比較幸運。然而，卻想到全球關注的二〇一〇年聖荷西礦難。三十三名礦工意外被困地底，七十日後奇蹟地全數獲救，成為一時佳話。

在經歷生死未卜、音訊全無的首十七天後，救援隊伍終於得悉三十三名礦工仍然生還。以極有限糧水熬過首階段後，生還者們終於能接收救援隊伍提供的食物、飲用水、藥物和各種物資。然而，以電鑽打通數百米深的狹窄洞口，並未足夠作拯救之用。生存問題解決之後，接下來就是等待的意志。

生還者不僅可以跟家人作書信往來，更被安排逐一跟家人進行定時的視像通話。更有甚者，技術人員更支援他們觀看智利對烏拉圭的足球直播。在地底數百米之下看足球比賽，恐怕是前無古人，後無來者。儘管不同的外國公司協助進行拯救工作時，都曾遇上技術問題，但面對艱苦困境時，至少他們仍擁有與親友的連結和希望。

終於，在舉世矚目下，各人陸續被救出，一場礦業意外，反倒成就智利的國家形象工程。獲救後的兩星期後，當局更安排一場足球友誼賽，由其中一位被困礦工兼前球星 Franklin Lobo 領軍，對陣救援者隊，在足球場上共同慶祝重生的喜悅。[2]

艱難更要寄託與希望，困乏尤需情感和連結。在世上最乾旱的沙漠中央，足球找到它滋潤生命的角色。

2 礦難拯救事件盡顯人性光輝，卻無法掩蓋礦工安全欠缺保障的事實。意外後的受害人，並未獲得任何賠償。

CHILE

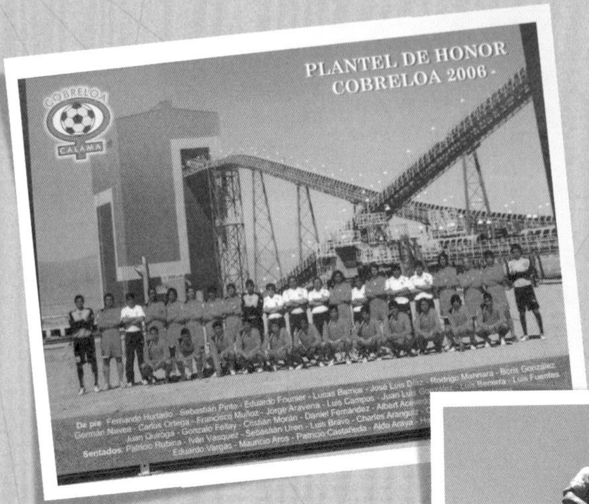

球隊2006年在礦場外的大合照。

市中心的礦工雕像噴泉。

球會經理Gabriel為我一人開放新球場。

基卡馬塔礦場無間斷地進行開採，是智利經濟的重要命脈之一。

基卡馬塔礦場曾經為員工及家屬提供小社區，隨着設施關閉，現時已成另類廢墟。

阿塔卡馬沙漠資源豐富，歷史上為各國所爭奪之地。

卡拉馬市內的玩具店，也售賣礦業相關的玩具車。

三、為甚麼智利會有巴勒斯坦球會？

從智利的狹長身姿，不難想像她的多元地貌。北疆沙漠觀星、中部山谷品酒、南方湖泊泛舟，從北到南逾四千公里的國土中，親身經歷地貌和氣候的變化，還有火山、雪嶺、冰川、高地、峽灣、森林和島嶼等自然風光，對旅人而言，極具吸引力。然而，地圖沒有告訴你的，是地理多元以外，智利的種族和文化多元，而且更必需親身感受。

我從阿塔卡馬沙漠進入智利，到南極對岸的火地島，整個智利的行程輾轉達三個月，論自然景觀，我最享受的必定是巴塔哥尼亞。站在渡船甲板，發現數條黑白海豚（Commerson Dolphins）追逐嬉戲；躲在岸邊一隅，遠眺大群國王企鵝（King Penguins）發呆聊天；徒步百內國家公園，露營一星期，看盡冰川、秋色和日照金山。種種經歷，無不讓我驚嘆自然的偉大、重拾生命的原始美好。

奇洛埃島

至於兼備自然和人文價值的地方，我的心水之選則是奇洛埃島（Isla de Chiloé）。Chiloé 一字，源於馬普切語「Chillwe」，即「海鷗的地方」之意。顧名思義，奇洛埃島和附近海域，是眾多海鳥的棲息地，也是海豚、鯨魚和海獅等海洋生物的活躍範圍。不僅如此，島上的西部和南部大部分地區仍是原始的溫帶雨林，是無數動植物，包括全世界最小的鹿 Pudu 的家。時至今日，這個曾經吸引達爾文（Charles Robert Darwin）停留數月的地方，由於長年與大陸保持距離，加上低度發展，令島上的自然生態，與其獨特文化一樣，得以保存。[1]

奇洛埃島最大的「旅遊景點」，是被列入世界文化遺產的木製教堂群。聯合國教科文組織形容「這些教堂象徵了智利群島文化上的繁榮，也見證了當地文化與歐洲文化的成功融合，建築與自然環境，以及當地社會精神價值的有機統一。」島上的原住民族群 Chono 和 Huilliche，遇上西班牙人的入侵，經歷數個世紀的共存後，互為影響，衍生出獨一無二的文化。奇洛埃島的獨特，既在於人和自然，也是種族和文化之間的融合。

神話傳說中的魔法島

奇洛埃島自古以來帶有神祕色彩，被古印加文明視為危險的禁地、世界的盡頭。

相傳遠古時期，相當於泰坦的兩條大蛇，分別為守護大地的 Tentenvilu 和守護大海的 Caicaivilu 展開激爭，後者為爭奪更多的管轄範圍，希望以海水淹沒大地，輾轉成為奇洛埃島。而 Tentenvilu 為保護逃難的人類，給予他們鳥類和魚類的能力，這就是島民魔法力量的由來。

我從蒙特港（Puerto Montt）乘坐約半小時的船程離開大陸，朝著這個魔幻島去。在風和日麗下，傳說的亡靈船 El Caleuche 沒有從水底出現，或以濃霧或風暴妨礙船隻登陸。我站在甲板上期待著，鵜鶘偶爾在身旁飛過、海獅不時於水中暢泳，彷彿在夾道歡迎我。雖然我沒有仔細觀看，但他們似乎並非女巫的飛行信使 La Voladora，也不是海中王者——半海獅人 Millalobo。

在奇洛埃島的翌日，我從安庫德（Ancud）鎮出發，乘坐旅舍的車前往西北方的 Punihuil 保護區。我們在長長的海灘登上小船，岸邊和天空已傳來海鳥的歌聲。傳說

1 達爾文在發表進化論前，曾乘船航行達五年，他將該行程的紀錄寫成《小獵犬號航海記》（The Voyage of the Beagle），奇洛埃島正是其中一站。達爾文在本區發現獨有物種，並命名為達爾文狐（Darwin's fox）。

中讓男性無可抗拒的半人魚 Sirena Chilota 沒出現，但旅舍承諾的動物則為數不少。

在不遠處的小島上，已見一隻小企鵝吃力地從水中爬出，一步步地往上走。導遊表示昨天看見了一隻水獺在吃八爪魚，言猶在耳，我們便發現了一隻水獺在水中央背泳，雙手拿着貝類吃得津津有味，活像咬餅乾的小寶寶。除了主角麥哲倫企鵝（Magellanic penguin）之外，還有短翅船鴨（Falkland steamer duck）、棕頭鷗（Brown-headed gull）和身形龐大的鵜鶘等，其他季節更有機會看見鯨魚和海豚，熱鬧但仍不失平靜。

結果我在島上逗留一星期，無論是勾引女性的森林地精 Trauco、被扭曲的洞穴守護者 Imbunche，還是巫師或飛天背心等，全都不見蹤跡。不過，無論有否我的親身見證，奇洛埃島有其獨立的神話和傳說系統，而島民歷史上深受本土信仰的影響，相信詛咒和巫術，則是不爭的事實。

西班牙人入侵與耶教傳入

奇洛埃島自一五六七年開始被西班牙人入侵，掀開其殖民地歷史。我的首站安庫德和位於島中央的卡斯特羅市（Castro，台譯卡斯楚市），便是西班牙人先後建立的據點。馬普切人於一五九八年在庫拉拉巴戰役（Batalla de Curalaba）中大勝西班牙殖民軍，令後者失去大片土地，也直接令西班牙控制的奇洛埃島與大陸隔絕，成為一片「飛地」。由於長期的與世隔絕，在艱難的自然環境、西班牙人剝削和荷蘭海盜等威脅下，超自然的神鬼之說，在奇洛埃島歷久不衰，甚至加入西班牙入侵者的情節。

西班牙人抵達後，以武力征服島民，建立深具封建色彩的名為Encomienda的奴役制度。原住民自此長年在不公義制度下生活，慘遭剝削，他們屢次希望和平抗爭不果，唯有訴諸武力，包括一七一二年造成數百名原住民死亡的Huilliche族大起義（Rebelión Huilliche de 1712）。儘管西班牙殖民者最終成功以武力壓制，但亦明白需要進一步的懷柔手段，而加強宗教傳播也是其中之一。

早於一六〇八年，第一批耶穌會（Jesuits）士已抵達，並開展傳教活動。耶穌會士以「巡迴傳教」的方式，深入散布島上各地的部落，他們學習並使用原住民語言，在每個地方短暫停留，並於巡迴其間委託「代理人」繼續宗教活動。這種「巡迴傳教」的形式，便是散布島上各地的小教堂的起源。然而，西班牙皇室認為這種傳教方式，未能為其統治提供極大化的有利條件，故於一七六七年將耶穌會士驅逐，讓方濟會（Franciscans，台譯方濟各會）取而代之。方濟會士改變前者的作風，不僅堅持以拉丁語傳教，比起巡迴散落部族的方式，他們更傾向促進群眾圍繞教堂建立社區。

現時被列入世界文化遺產的教堂共有十六座，可惜我沒有駕車，難以一一尋訪。我參觀的數座教堂，都甚為深刻。位於卡斯特羅市中心的聖芳濟各教堂（Iglesia de San Francisco），以黃色為主，雙塔頂則為紫色，用色繽紛，以教堂而言相當罕見。臨海小鎮 Dalcahue 的聖母教堂（Iglesia de Nuestra Señora），以淺藍和白色相間，即使出航後仍能清晰遠眺其塔頂。我比較喜歡的，則是位於 Achao 的聖母教堂（Iglesia de Santa María），它樸實無華的純木色，反倒更讓我沉醉於對其雛形的想像。

這些木教堂群，不論建築風格和材料都極具代表性，並因而被納入世界遺產。在神職人員指導下，技藝高超的原住民船匠，以造船技術和島上木材，重現歐洲教堂的風采，建成新古典主義、巴洛克式、哥德式或羅馬式等不同風格的教堂。在建築過程中，無需使用一根釘子，而是活用傳統造船中與榫卯技術相近的智慧，不僅結構堅固，也讓木製組件於需要可以拆卸更換。

我在悠然的下午，沿著海邊散步，慢慢走進平實簡樸的海濱教堂。外面傳來浪濤輕輕拍岸的節奏，偶爾加插鳥兒夾雜的歌唱，我坐在長椅上，抬頭望向天花板，猶如置身一艘倒轉的船，彷彿揚帆出海，卻能在庇蔭下得到平靜。我輕撫教堂內的木柱、牆身或長椅，每一寸都源出本島，觸碰到的、嗅得到的、感受到的，都是屬於奇洛埃的氛圍。

木材文化的呈現

木教堂固然是矚目的明星，但島上的木材文化和藝術，可說是無處不在。由於盛產適合建築的木材，尤以智利柏（Fitzroya cupressoides）為最，島上大部分房屋都為木製建築。我最喜歡的活動，便是隨意在小村鎮內漫遊，細看家家戶戶的生活，也拍攝其居所外的木瓦。木瓦的排列圖案，有直紋、波浪、斜線、鋸齒狀、魚鱗狀等，加上活用不同的色彩，簡單如重拾小學的幾何空間，又或回到摺紙的幻想世界，簡約而千變萬化。

另一受人注目的建築，是色彩繽紛的臨海高腳屋（Palafitos）。高腳屋一方連接陸地，另一方則建有面朝大海的露台，跟香港大澳的棚屋異曲同工。相比十七至十九世紀興建的木教堂群，臨海高腳屋於十九世紀後期才開始被廣泛興建。事緣奇洛埃島一度作為殖民者的最後堡壘，於一八二六年始納入智利共和國的版圖。獨立後的智利廢除 Encomienda 制度後，原住民從奴役中被釋放，不少人卻因為生活環境惡劣而離開。智利政府面對島上人口不足的問題，曾經嘗試引入歐洲移民，卻成效不彰。直至工業革命和航海技術進步後，麥哲倫海峽的重要性大為提升，連帶奇洛埃島迎來發展機遇，才令島民開始聚集，進一步圍繞教堂建立社區，島上城市如卡斯特羅和 Chonchi 等，便因人口增加而興建不少的臨海高腳屋。

經歷數個世紀以來的融合，已經衍生出新的「奇洛埃文化」。島上流行的西班牙語，深受 Huilliche 族母語影響，在口音、語法和詞彙等方面，都跟智利西班牙語有明顯差異。島民的飲食文化，承襲原住民一直以來以魚類、貝類和馬鈴薯為主，尤以名菜 Curanto 教人難以忘懷。[2] 我在島上的每一天，都在享受價廉物美的鮮魚和海貝，讚嘆海洋的偉大，飯後喝著自家製的蘋果 Chicha 酒時，又讓我記起西班牙人引入蘋果的淵源。

2 Curanto：將海鮮、豬肉和馬鈴薯等食材，置於地下挖出的土坑內，並以名為 Naica 的大葉子覆蓋燉煮。

如今，天主教與神話傳說得以在島上並存，但所謂文化融合的故事，從來都並非一帆風順，也未必是和平演進。被視為十九世紀的最後獵巫行動，一八八〇年的巫師審判中，到底地下組織「直省」（Recta Provincia）僅是如判詞所言是以黑魔法和恐怖手段控制居民的巫師團體，還是同時是原住民爭取獨立的政治組織呢？

無論真相如何，統治權的爭奪似乎已經告終，相信巫術的原住民、槍砲掛帥的殖民者、殘暴不仁的封建主、拚死反抗的苦奴隸，都在時間洪流遠去。島民在歲月中共同建構「奇洛埃文化」和「奇洛埃人」的身分，過程並非一句民族融和或文化交流般簡單輕鬆，而且仍在一直變流動。

奇洛埃島的經驗，令我有興趣了解人口結構、歷史事件和文化演變的關係。至於整個智利社會，則是更複雜的種族文化融合的故事。

從奇洛埃到智利

於我親身到訪之前，我只是根據語言片面和簡化地理解外來者對南美洲的影響，並以為影響僅來自宗主國和殖民時期。二十世紀初，智利官方推動單一簡化的種族論述，將智利形容為「只有兩個種族：原住民和歐洲征服者」，忽略非洲裔的存在，並以歐洲白人主義為傲。然而，歷史告訴我們，現今的南美洲與不同階段的多元「外來人口」有著極其緊密的關係。

自西班牙於十六世紀殖民，到一八一八年智利獨立，至現今二十一世紀，智利一直接收不同地方的移民令人口構成呈多元化，並演變成以混血為主的國家。十六至十八世紀的移民人口中，以伊比利亞半島（la Península Ibérica）為主，包括西班牙、葡萄牙、巴斯克和加泰隆尼亞等地，他們的後代和混血亦是現今智利人口主要組成。十九世紀後，移居智利的歐洲人口，則主要來自法國、英國、愛爾蘭、德國、克羅地亞和意大利等。二十世紀以來，來自阿拉伯國家的移民人口亦不在少數。直到近年，智利接收的移民主要來自其他拉美國家，包括阿根廷、秘魯、委內瑞拉和海地等。

以我的朋友Guillermo為例，他的父親有50％巴勒斯坦、25％利比亞和25％德國血統，而他的母親則有西班牙和巴斯克的血統。他的例子在智利甚為經典，至少在他們的認知和可尋索的範圍中，他們都能道出來自多國的血統。令人驚喜的是，足球作為社會的一部分，也是一雙歷史之眼。在首都聖地牙哥就有三家開宗明義，由移民人口建立的球會，分別是西班牙的艾斯賓路拿（Unión Española）、意大利的奧達斯（Audax Italiano）和巴勒斯坦的柏利斯天奴（Palestino）。它們之間的對決，被稱為「僑民打比」（Clásico de las Colonias）。

西班牙和意大利的僑民球會

共同身分，是大部分拉丁美洲國家必須處理的課題，智利也不例外。於三、四〇年代以後，主流論述致力建構單一和同質的「智利人」身分，以期穩定社會和政治。此論述將智利定性為「混血國家」，看似能兼容並包，卻難掩骨子裡仍植根對

「歐洲至上」和「白人主義」的傾側。於建構身分的漫長過程中，政權、學術界和文化界等，都各自發揮其影響力。作為社會構成的一員，不同的族群也希望掌握話語權，作出自我定義，並其提出政治主張。僑民球會的建立，遂成為有效的途徑之一。

早於將足球帶進智利之初，英國人已紛紛建立球會。然而，隨著時移世易，無論是英國、法國或德國背景的球會，大都有所轉變，較少再強調與族群之間的連繫。與之相反的是，艾斯賓路拿和奧達斯，長期以僑民球會自居，並於族群之間發揮凝聚的作用。

「同鄉」足球會

為了加強認識，我分別到訪這兩家球會。先前往位於城市北部 Independencia 區，參觀艾斯賓路拿所在的球場 Estadio Santa Laura。球場的入口是尷尬的城堡造型，以橙紅作為主色也令人不敢苟同，彷如冒牌遊樂場，一度讓我懷疑是自己迷路。然而，撇除欠缺美感的造型不談，這個於一九二三年建成啟用的球場，可說是甚有來頭。

回溯歷史，艾斯賓路拿成為足球球會之前，其前身之一為一八九七年成立的「西班牙培訓及康樂中心」（Centro Español de Instrucción y Recreación）。創辦人表示組織成立的使命是「消弭長期誤解，建立西班牙與智利之間的兄弟情誼」。組織致力協助來自西班牙的移民，為他們提供生活適應和財政上的支援、社交人際的機會和轉介工作等。一九二二年，該組織聯同西班牙族群中志同道合的運動團體，合併為艾斯賓路拿／西班牙聯盟。

為了協助球會發展和建立基礎，球會會員兼政治家 Absalón Valencia 以低價讓出土地，加上動用族群中的政治聯繫以及西班牙領事館的財政支持，球會迅速地獲得足夠資金，並建成當年智利最大的球場——Estadio Santa Laura。這個能容納五千人的球場，風頭一時無兩，也鞏固球會跟族群間的連繫。球場舉辦的首場比賽，是由友好的意裔商人 Guillermo Gellona 贊助的「Gellona 盃」，對陣的正是其後多年的老對手——奧達斯。

奧達斯的成立背景和目標，跟艾斯賓路拿如出一轍，既是面向僑民的組織，初期也活躍於單車運動。兩家僑民球會的性質，就似是「宗親會」或「同鄉會」，在同一種族的旗幟下，建立團結互助的人際網絡，既凝聚族群，也讓族人提升政經地位。著名球員受益於人際網絡和具族群背景的銀行貸款，得以創業致富。中產專業人士躋身球會管理層，其後飛黃騰達。類近的故事在上述兩家球會中，可謂不勝枚舉。

兩家球會在成立的初期都不只足球競技，更積極發揮「同鄉會」的凝聚角色，並提供不同類型的服務，如診所、舞池、體育館、公共電話、法律支援和圖書館等。球會不僅提供智利和家鄉的書本雜誌，甚至還出版面向族群的月刊，內容包括族群間的重要資訊，如公布婚禮和重大活動等。「同鄉會」為僑民提供與家鄉的聯繫，在困苦和迷失裡經歷文化尋根，於同聲同氣的社群中得到心靈倚靠，當年這種「家的氛圍」吸引不少僑民。

來自家鄉的政治爭議

然而，種族並非唯一的結連因素，也不是凝聚的「萬能丹」，來自家鄉的法西斯主義浪潮，便為族群的團結帶來巨大挑戰。墨索里尼（Benito Mussolini）野心勃現、佛朗哥殘暴不仁，面對極權者的崛起，彼此再無中立或漠視的空間，球會管理層、會員以至整個族群，也因政治取態而分裂。

球會被法西斯主義者騎劫，艾斯賓路拿因為致敬佛朗哥而被指責，奧達斯由於替墨索里尼背書而被唾棄，後者甚至去信要求智利總統承認墨索里尼政權，導致半數會員憤而離開。雖然僑民已在「新家」智利落地生根，但「故鄉」的大是大非，仍然造成族群間的嚴重撕裂，難以彌補。說到底種族不過是其中一個角色或分類標籤，黑白才是良知。

來自歐洲的衝突，不僅造成族群間的矛盾，也引起智利本土社會對歐洲文化的懷疑，甚至激發反法西斯情緒。人們將矛頭指向助紂為虐的球會，對兩家球會的比賽報以噓聲、連番辱罵甚至怒擲物品。一九三八年，兩家球會對被針對的行為提出抗議，威脅因安全考慮而退出聯賽，最終艾斯賓路拿更於翌年直接退賽一年。

西班牙內戰以後，二戰緊接爆發。二戰戰敗的法西斯聲名狼藉，在智利更站不住腳。球會面對族群分裂和社會指控，改變作風，減少聚焦與家鄉的連繫，轉而強調族群在智利的貢獻。「同鄉會」曾經建立的「家的氛圍」一去不返，球會管理層只埋首個人利益，隨著足球走向專業化的同時，也跟僑民社群漸行漸遠。

我來到奧達斯的球場 Estadio Bicentenario de La Florida，一群少年正進行訓練。這個於二〇〇八年改建的球場，外型設計讓人聯想彩色的積木盒，看台上的座位也是一脈相承地滿布紅黃藍綠。我看著眼前空洞的看台，不禁在想「不知如今這個能容納一萬二千人的球場內，還有多少人仍然擁抱意大利身分呢？」今天的西意僑民早已融入主流社會，這兩家球會的歷史任務，是否已經完結？

另一邊廂，同樣作為移民建立的球會，柏利斯天奴卻在上演截然不同的劇目。

巴勒斯坦僑民球會

不少南美球會都與歐洲一定的淵源，不論烏拉圭的利物浦（Liverpool Fútbol Club）、厄瓜多爾的巴塞隆拿（Barcelona Sporting Club），或是巴西的意大利社群的彭美拉斯（Palmeiras）等，考慮到歐洲深厚的足球文化，加上各國的歷史背景等，自然都不難理解。

「為甚麼智利會有巴勒斯坦球會？」

當我首次聽到智利聯賽中「僑民打比」的三家球會時，最令我好奇的，必然是柏利斯天奴。後來我才發現，包括智利人在內的大部分人都跟我一樣，不知道智利擁有中東地區以外，最大的巴勒斯坦社群。現時智利巴勒斯坦裔人口大約為三十五至五十萬，大部分信奉基督宗教。

巴勒斯坦人並非必然是「以巴衝突」中的難民，他們移民智利的故事遠早於以色列建國，可追溯至二十世紀初。在鄂圖曼帝國統治下，耶教徒因受到宗教壓迫和強制兵役下，激發一輪移民潮。現今的巴裔智利人，不少屬於這段時期的移民或其後代。經過近百年的發展，巴勒斯坦社群已在智利社會佔一席位，在政治和經濟等範疇，具有一定影響力。

初探柏利斯天奴

僅憑社群的存在和淵源，並不足以解釋球會成立的原因，尤其巴勒斯坦絕非以足球文化著稱。我嘗試向兩位智利朋友了解，但似乎這並非普遍智利人熟悉的課題。

「智利仔」Lucas 表示自己對足球的興趣不大，但因為公義，他會選擇支持柏利斯天奴。Guillermo 則表示該球會位於治安較差的區域，連他和身邊的朋友都沒有到訪過。原來連當地人都對它僅一知半解，令我更覺得非親身接觸不可。

我來到聖地牙哥市南部的 La Cisterna 區，因為 Guillermo 的叮囑，從車站到球場的路上，我都將相機和財物盡力收好。抵達球場前，一幅塗鴉吸引了我的注意。塗鴉主角是一位蒙面人，頗有恐怖分子形象，卻只是手持噴漆，對抗的是哨兵、直升機和隔離牆，明顯是對以色列的指控，也讓我確定沒有迷路。

我到達柏利斯天奴所在的球場 Estadio Municipal de La Cisterna，入口處塵土飛揚，感覺頗為簡陋。一座白色的單層建築物，高掛著球會的會徽以及巴勒斯坦原地圖的剪影，便是球會的總部所在。球會範圍內只有簡單裝潢，都是以巴勒斯坦國旗的綠白紅黑作主要用色，幾處掛著寫有「以巴勒斯坦自豪」（Orgullo Palestino）的直幡，分別印有一群吶喊支持的球迷、球迷在耶路撒冷的圓頂清真寺（Dome of the Rock）的合照、一位剛出生的嬰兒和其身旁的球衣等。

我向球會職員表明身分和來意，對方也友善地歡迎。可惜因為負責人不在，而需要另約日子訪問，但他們也邀請我重臨，觀看數天之後的主場賽事。

聖地牙哥的巴勒斯坦之旅

數天之後，我懷著興奮與期待再訪，球會的一位經理親自接待。他在辦公室跟我互相認識後，便建議先一起觀看球賽，再作訪問。現場氣氛跟日前差天共地，能容納八千人的球場雖然遠未坐滿，但仍算是熱鬧非常，估計應有數百人之多。球場的四面看台中，只有連接總部的主看台設有上蓋，這邊紅白綠色的座位，幾乎坐無虛席。即使對面看台無遮無擋，於烈日當空下，還是有逾百球迷到場支持。

我應邀跟球會管理層同坐「VIP席」，話雖如此，也不過是角度較正中的一般膠座椅，跟前排的位置基本無異。隨著球員們開始熱身，現場氣氛也更為熾熱。

雖然現場球迷仍是以男性為主，但入場支持愛隊並非僅是「男人的浪漫」，也有為數不少的女性，好些人明顯是一家大小而來，而現場的兒童和少年的比例之高，是較為罕見的。

除了對年齡和性別的觀察外，我還注意到不少人身穿11號球衣。這件球衣之所以成為經典並大受歡迎，並非因為某位球星，而是其立場鮮明的政治表態。二〇一三年十二月，球隊使用新設計的球衣，其中以一九四七年聯合國議決前的巴勒斯坦完整原地圖的形狀，取代球衣號碼的數字1號。雖然因為智利猶太社群的壓力，球會遭智利足協罰款處分並禁用該球衣設計，但不僅無阻球迷對該球衣的喜愛，反倒令它成為廣為人知的標記。

球場一直在播放中東風格的音樂，整場比賽皆有人不住地揮動巴勒斯坦國旗和球會會旗。有些球迷好奇地跟我攀談，並熱情地歡迎我，甚至請我吃傳統食物和汽水，一時之間，我彷似身處中東旅行，一度忘記自己身處智利。

球會的存在意義

雖然球隊最終被迫和2：2，斷送一度領先兩球的大好優勢，但球隊成績並非球會最重視的事，大家的心情也未有太大影響。經理帶我回到球會的辦公室，除了向我展示風光時刻的照片外，也娓娓道來球會的成立和現狀。綜合訪問內容和豐富的歷史資料，令我更明白球會存在的意義。

●面對歧視

柏利斯天奴始創於一九二〇年，其成立背景，跟建構智利人身分認同和各族群間的文化融合的過程，關係密切。智利在吸納各地移民的過程中，難免受到文化衝擊，也急需尋找定位和建構身分認同。

身分認同的概念是流動和主觀的，唯主流論述和大眾文化都能反映不同時代的概況，而其過程往往偏重於男性主導與歐洲特質。三、四〇年代後的「混血國家」定性，也只是以歐洲特質為主軸，片面地吸納小部分原住民特質，並對其他少數族裔如非洲、中東和亞洲裔的存在和文化隻字不提。在如此論述和氛圍下，來自歐洲以外的僑民，即使其後代在智利出生成長，仍難免面對社會排斥和文化標籤，彷如「永遠的外人」。

二十世紀初期，來自阿拉伯的移民不時遭受歧視，他們被指責奪去工作機會、營商手法卑劣、搶掠社會資源，甚至帶來疾病。報章《El Mercurio》曾直指阿拉伯移民「比君士坦丁堡的狗更骯髒」，社會針對他們的暴力時有所聞，也有人對他們進行搶劫或縱火，而警方對此也是視若無睹。

為了改變社會的負面標籤，凝聚並改善族群的處境，阿拉伯移民紛紛成立各種組織，包括慈善機構、商會和東正教教會等，如一九一三年成立的首個阿拉伯僑民組織 Juventud Homsiense。族群領袖期望透過運動交流和建立支持度，改善族群的形象，柏利斯天奴則是當中的表表者。

● 表達論述

族群成立組織，有利於搭建平台和爭取話語權。球會藉提出論述，為族群的形象作出自我定義。正如高魯高魯支持的論述為「每個智利人，都有原住民特質」，艾斯賓路拿透過慶祝 **Día de la Raza** 等方式，紀念西班牙人「發現新大陸」的「貢獻」，加強「所有智利人，都有西班牙特質」的論述。而阿拉伯族群則強調西班牙與北非「摩爾人」的高度融合，認為阿拉伯人科學上的貢獻在「發現新大陸」過程中也有所建樹，並以球會傳播這類論述。

在球會成立初期，族群領袖便活躍地舉辦面向大眾的活動，無分種族、性別和宗教，以社會參與和文化共融為己任，以展示族群高度融入智利社會的誠意。由於不乏營商有道以至家財萬貫的代表，族群每每被貼上守財奴或高利貸等與金錢掛勾的標籤，球會的慈善活動、為地震災民籌款等，多少有望改善形象。此外，球會聘用女性教練和職員、歡迎女會員參與和決策、建立女子隊等方式，也間接地回應了被指輕視女性的標籤。

●政治聯繫和族群凝聚

球會的興衰和轉變，跟巴裔智利人的發展史環環緊扣。不少巴裔智利人把握三〇年代進口替代政策的機遇，在政府的支持下，生意規模急升，幾乎壟斷國內的紡織業，其中 Yarur 家族不僅堪稱紡織業龍頭，更開設 BCI 銀行。然而，族群的政治影響力與雄厚的經濟實力卻未成正比，難以根本地改善族群處境。族群遂積極建立政治聯繫，並旨力培養和扶植族群的精英和企業。

四〇年代，族群產生第一位國會議員，五〇年代更有多位巴裔人士擠身政壇，如經濟部部長 Rafael Tarud、Alejandro Chelen 和 Alfredo Nazar 等。柏利斯天奴作為球會，除了足球賽事，還舉辦大量社交活動和主持會議，既曾舉行中東音樂活動，也曾接待阿拉伯政要，同時有對外連結和對內凝聚的政治作用。

●融入大眾文化

雖然球會於一九二三年後，曾因足球場上的種族歧視問題，一度將重點轉移到網球之上，但族群領袖意識到，在大眾文化中佔一席位的重要性，遂決定重新重視足球發展。一九四五年，時任球會主席 Amador Yarur，為推動職業化，作出向族群吸納資金、推動市場化策略、吸引星級球員等一系列的動作。

族群利用其政治聯繫和傳媒影響力，不無爭議地於一九五二年獲得次級職業聯賽的資格。球會於翌年打進智利頂級聯賽後，迅即取得一九五五年的聯賽冠軍。在族群的重金資助下，打造出被稱為「百萬富翁」（Millonario）的華麗陣容，並進行南美巡迴，有效提升球隊知名度，也展示族群的社會貢獻。球會另一個歷史高峰，則是七〇年代後期。在主席親自邀請下，球會於七七年成功羅致被喻為智利最偉大的球員費古羅亞（Elías Figueroa）。在這位國家隊隊長的帶領下，球會不僅勇奪七八年的聯賽冠軍，更寫下四十四場不敗的智利紀錄。球會的成功，不僅讓 Palestino 之名廣見於傳媒，更確立族群關注度和社會地位。

●呼應巴勒斯坦民族主義

如同其他僑民球會，柏利斯天奴的定位和功能，也隨故鄉和智利的政治形態而有所改變。第一次世界大戰後，鄂圖曼帝國版圖下的巴勒斯坦，被納入英國託管，民族主義開始取代過往的泛阿拉伯意識。一九三〇年，巴裔族群創辦的報章《Al Islah》，專門報導來自巴勒斯坦的新聞，強化「巴勒斯坦」認同。由英國託管時期、到列強介入下的「浩劫」（Nakba）[3]、數次的中東戰爭等，故鄉的悽愴命運，成為離散巴人歷代的共同經驗。國難當前，巴裔族群為三六至三九年「大起義」中痛失親屬的人籌集資金，也曾遊說智利政府不支持四七年聯合國的以巴分治投票，標示著遠距離民族主義的覺醒。

然而，巴勒斯坦民族主義在智利也並非一帆風順，族群內的年輕政治家與保守資本家之間，出現嚴重的政治分歧，並於支持阿連德和皮諾切特之間，達到撕裂的頂峰。巴勒斯坦解放組織於一九七四年獲得聯合國承認其唯一合法性後，積極在拉丁美洲爭取僑民的支持，成為重新連繫的角色。然而，「巴解組織」的付出的成效難言顯著，直至一九八二年發生在黎巴嫩的「貝魯特難民營大屠殺」（Sabra and Shatila massacre）後，數以千名的巴勒斯坦人被種族清洗，才讓巴裔智利人的民族主義徹底點燃，趨向團結。

民族主義的興起，讓巴裔族群組織更重視與故鄉的連繫，相比最初集中於改善在地族群處境，明顯已有所改變。柏利斯天奴的影響力早已不止於智利，多番高調表態的舉動，成功獲得國際關注，甚至為故鄉作出貢獻。

球會不僅以巴勒斯坦原地圖製作球衣，又安排球員在比賽時戴上頭巾（Keffiyeh）。在球會參與洲際賽事南美球會盃期間，球迷製作覆蓋整個看台超巨型巴勒斯坦國旗。於加沙（Qiṭāʿ Ġazzah，台譯加薩）被侵襲時，球隊在主場將國旗降下一半默哀。以上種種，無不在電視直播和網上片段中廣泛流傳。他們以行動提醒國際社會，巴勒斯坦仍然存在，而且每天都活不公義和違反人權的慘況之下。

千禧年後，球會跟故鄉的連繫達至前所未有的高峰。當球會於〇三年陷入財政危機時，獲得時任巴勒斯坦精神領袖阿拉法特（Yasser Arafat）親自致電球會作出鼓勵。二〇一三年，球會獲得巴勒斯坦銀行的獨家贊助，其後更於一六年更歷史性地踏足巴勒斯坦，並跟國家隊進行友賽，成為一時佳話。巴勒斯坦總統阿巴斯（Mahmud Abás）於一八年親臨球場，並形容這家在故鄉非常受歡迎的球會為「第二國家隊」。

身分認同，既是智利人，也是離散巴勒斯坦人

智利於二〇一一年承認巴勒斯坦為獨立國家，為南美之首，巴裔智利人的影響力功不可沒。我和球會經理，從國際大勢，談到巴裔智利球員的孕育，這也牽涉到身分認同的問題。「到底年青球員，自視為智利人，還是巴勒斯坦人？」高度同化與遠距離民族主義，兩個身分認同之間並不矛盾。

柏利斯天奴並非巴斯克球會畢爾包，並沒有規定球員必須擁有指定的民族血統，但鮮明的立場總會吸引巴裔族群的加入。由於巴勒斯坦國家隊於一九九八年始被國際足協承認，得以進行國際賽事。近年擁有雙重國籍的巴裔智利球員中，除了代表智利，也可以選擇代表巴勒斯坦。例如曾在意甲打滾的 Luis Jiménez 便選擇智利國家隊，也有明知前途不可比擬，仍選擇為故鄉效力的 Roberto Bishara、Pablo Tamburrini 和 Roberto Kettlun 等人，最後者甚至選擇在職業晚期效力巴勒斯坦聯賽球隊。

他們同時選擇巴勒斯坦的國家隊和「第二國家隊」，立場清晰不過。正如當地族群領袖明言，即使大部分族群成員已不懂阿拉伯語，或者一生未踏足巴勒斯坦，但他們必定知道應該站在高牆的哪一邊。

3 「浩劫」（Nakba）：一九四八年以阿戰爭和以色列建國，造成逾七十五萬人流離失所，被巴勒斯坦和阿拉伯人稱為「浩劫」（Nakba）。

或許仍然有人以宗教或歷史角度，爭論猶太復國主義和以色列建國的合理性，但始終無法為其惡行背書。數十年來，劃屯墾區，行殖民侵略；築隔離牆，將自由圍困；設檢查站，作刁難侮辱，巴勒斯坦每天仍在發生泯滅人性的慘劇，卻含糊並消失於主流媒體和大眾關注之中。正如球會的百周年紀念球衣印上的「不止是一支球隊，而是整個民族。」（Más que un equipo, todo un pueblo）所言，柏利斯天奴早已超越一家智利聯賽的球會，成為這災難國邦的旗幟以至寄託所在。

離開前，我看著人群中許多清清晰晰的「11號」，彷彿向我表明，他們的背後，將一直肩負起故鄉的公義，高呼「在我們心目中，自由的巴勒斯坦只有歷史上唯一的那個巴勒斯坦。」[4]

驀然回首，故鄉的輪廓浮在半空。被時代拆散的人們，離散世界各地。等待「那一天」來臨，故鄉終於明正言順建國之際，不知有多少人願意重回故土、相聚於許諾之地呢？

4 球會因「地圖球衣事件」被罰款後，於網上的回應。

卡洛埃島將當地木材、造船技術、木教堂和臨海建築融為一體，成為獨有的木材文化。

Santa Maria 教堂位於 Achao，是島上的 16 座被列入世界文化遺產的木教堂之一。

小球迷們身穿「被禁」的球衣，無忘巴勒斯坦身分和公義。

奇洛埃島上的 Castro 市，紫頂黃身的木教堂是顯眼的地標。

艾斯賓路拿的球場雖然外貌不算討好，但在歷史上可算是甚有來頭。

柏利斯天奴的球會外牆，清晰地展示巴勒斯坦地圖。

CHAPTER 03

社會之鏡：秘魯

秘魯足球為何總是無以為繼？

馬丘比丘（Machu Picchu）、的的喀喀湖（Titicaca Lago）、納斯卡線（Nazca lines）、帕拉卡斯鳥群（Paracas）、瓦卡奇納沙漠（Huacachina）、阿雷基帕深谷（Arequipa）、瓦拉斯雪嶺（Huaraz），秘魯的旅遊吸引點，可謂數之不盡。大自然的禮物、古文明的遺產，讓秘魯成為當之無愧的旅遊業巨星。

然而，無論是旅行遊覽，或在圖書館的書架上，秘魯都活在以「印加」為名的包裝之下，彷彿太陽帝國未曾滅亡，馬丘比丘沿用至今。現代秘魯人的血液裡，固然有源自古印加的基因，但今天秘魯人所生活的處境如何，即使親身遊歷過的旅人，都因沐浴在旅遊泡沫中而難以掌握。就如同埃及和希臘，秘魯在不少人的印象中出現時間停滯和認知碎片。遊客若只熱衷古代文明的景點，卻漠視當今社會的實況，恐怕只淪為僅高於遊覽主題公園的層次。

如同其他南美鄰國，足球於十九世紀末來到秘魯，並開始在這個安第斯山國撰寫其本土故事。或許細聽秘魯的足球經歷和故事，可望填補不少外人對當代秘魯認知上的空白。

利馬市打比

秘魯談不上足球強國，雖說近代不少球星如比沙路（Claudio Pizarro）、法芬（Jefferson Farfán）和古里路（Paolo Guerrero）等都能夠打響名堂。然而，無論是國家隊的成績，還是國內球會的國際知名度，都可說是乏善可陳。

即使熱愛足球如我，對於秘魯足球也幾乎是毫不認識，唯有將勤補拙，大量搜集資料。如同大部分國家，首都往往是足球發展的中心，利馬（Lima）也是秘魯足球的靈魂所在。國內三大班霸的利馬聯盟（Alianza Lima）、秘魯體育大學（Universitario de Deportes）和士砵亭水晶，全都是首都球會。適逢我在利馬的日子，遇上利馬聯盟對士砵亭水晶的同市打比，當然不容錯過。

由於求票無門和時間緊迫，我於比賽當天早上，冒昧到訪利馬聯盟的球會總部，嘗試以作者身分進行訪問，也順道請求門票。如我所料，大戰在即的日子，我無法於即日進行訪問。不過在多番溝通下，總算與球會相約了訪問日期和時間。因為無法進行訪問，自然也無法如願獲取「深入訪問」所需的球票贊助。不過，球場外站滿阿叔大嬸的黃牛黨，倒是情急之下的出路。我查問之下，原價 35 soles 的球票不過索價 45 soles，比想像中消費要低，我便破例「助長歪風」了。

球賽於晚上八時開始，但國家球場（Estadio Nacional）附近的氣氛早已熾熱。下午四時許，球場附近的街道便已封閉，也有不少球迷已經到場。入夜後，球場外的天際線添上數顆大型煙花，不愧是秘魯三強中的同市打比。

場外的安全檢查甚為仔細，連我戴在頭上的帽子也被要求丟棄。還好我將之收藏在背包後，再重新排隊檢查，便成功過關。「哎喲！」在被搜身時，我的下體還被觸碰了一下，讓人很不好受。以我的觀察，安檢人員對我的檢查似乎已是比較寬鬆的了。在身旁不少人人興奮跑跳進場，或是拍照留念。那邊廂卻有一位球迷表現激動，最終被驅趕離場。因為語言障礙，我無法得知原因，或者是被列入黑名單的球迷吧？

雖然在賽前，已有秘魯朋友建議我選擇中立看台，避免南北看台，免得被突發事件波及，但我還是坐在利馬聯盟球迷所在的南看台。我始終覺得死忠球迷的主看台才夠看，才能近距離感受本地的足球氣氛。由於對秘魯足球的認識有限，我就因利成便地選擇「支持主隊」。

開賽前大半小時，大群球迷已在激動地唱歌和打氣，我也樂在其中。雖然旅行至今，我始終因為不懂西班牙語而難以跟拉美深度連繫。然而，足球再次證明是共同語言，即使無法理解歌詞，但置身其中的氣氛，身邊人的聲量、表情和動作等，都是超越語言的共同經歷，讓我得以用心感受拉美。

球證鳴笛開賽一刻，整個國家球場滿布打氣棒和紙屑，如漫天飛花，又如飛瀑奔泉，加上手機亮光和歡呼聲不絕，教人興奮不已。整場比賽的節奏快上快落，不失精彩。相比在哥斯達黎加所見的中美對決，秘魯兩強明顯有更多的盤扭（包括一些華而不實的）。

利馬聯盟前鋒把握對方後衛與守門員之間的嚴重誤會，在無人看管下頂入，先開紀錄。然而，主隊所失的首球，亦是守門員的失誤。他在猶豫不決下出迎，絆倒對方球員，結果贈予對方一球12碼。士砵亭水晶追平後，慢慢站穩陣腳，他們的組織甚具娛樂性，小組快速短傳，也有不少「腳外檔」、「的波」等花式傳球技巧，華麗與實用兼備。直至下半場尾段，屢創攻勢的士砵亭水晶終於連入兩球。當賽果改寫為1：3時，對方入球球員更脫去球衣忘情慶祝，大概是深知聯賽錦標已是手到拿來。兩隊球迷的心情頓時判若雲泥。

整場比賽令我最深刻的，正是這種強烈的愛恨分明。球迷人浪止於半場，僅至己方看台為止，一息間敵陣亦如是回敬，壁壘分明得令人啼笑皆非。有時候，己隊球員每傳一球，球迷便高呼「OLE!」鼓勵己隊組織攻勢。當對方踢法消極或犯規時，球迷瞬即「柴台」，甚至對敵對看台的球迷作出挑釁。在場球迷「開汽水」的口哨聲，震耳欲聾，也許是我聽過最高分貝的喝倒采。

這種愛恨分明，在對己隊的支持上深深體現。面對己隊犯錯或不濟，球迷當然會著緊和失望，也會對己隊球員喝倒彩。如在痛罵前鋒「單刀唔入」後，又會隨即送上鼓勵。當球隊被追和後，球迷集體失落二十秒後，又再為傾力為球隊打氣至聲嘶力竭。令我最為驚訝的是，在球隊大勢已去，冠軍夢幾近幻滅之時，己隊的球迷死寂一片，甚至有人提早離場，但球迷的聲勢竟然仍能死灰復燃。球迷低落沒多久，便又再重整旗鼓地激勵己隊，彷似南美人在困境之中，也不會低頭接受絕望。球員眼見球迷不離不棄，又豈能辜負？遂發動狂轟猛炸下，於最後一刻追至2：3，勉強取得「惜敗」之名。

聯賽冠軍塵埃落定，球迷也陸續散去。此時我才細心觀察，在場球迷的男女比倒頗為平均，目測是7：3左右。我也見到有全家大小一起看球，孩子在過程中跟著歡呼和喝倒采，相信也學會了不少粗言穢語。倒是不知孩子於如此熾熱的氣氛下成長，會否變得太過愛恨分明？

利馬市打比大戰的氣氛和水平，令人甚為驚喜。離開球場時，天空再見煙花不斷，我不禁抬頭細想「秘魯足球既有熱情，也有歷史，為何總是無以為繼？」

秘魯足球歷史

相比其他安第斯鄰國，秘魯足球更具歷史，早期發展更為迅速。十九世紀末，英國人將足球帶進秘魯，率先經由卡亞俄（Callao）港口，傳入首都利馬，並向全國擴散。一八八三年硝石戰爭戰敗，利馬淪陷、經濟大挫、百廢待興，各項體育發展停頓，政治形勢也有所改變。自一八九五至一九一九期間，被稱為「貴族共和國」時期，改變過往主要由軍人主政的局面，國家發展相對平穩，秘魯足球也在這段期間羽翼漸豐。

由英國社群於一八五九年創立的 Lima Cricket and Football Club，是全國以至全南美最具歷史的足球相關組織。它的變化和影響，也佐證秘魯足球由少數英人參與，漸趨普及為大眾運動。Lima Cricket and Football Club 屬於多元化運動組織，主要項目包括板球、網球和欖球等英式運動。以板球起家的球會，亦隨各運動項目的重要性，而多番更改組織名稱。一般相信，球會於成立初段已有組織足球活動，唯具體年分尚不可考。球會於一八九二年舉辦的一場球賽，是秘魯歷史上首場有記錄的賽事，參賽雙方為卡亞俄與利馬之間的居民，球員以英人為主，部分為秘魯人。

根據當時的紀錄，其後數年也有不定期的足球賽事，包括與英國水手之間的對壘以及體育組織的內部賽事等。於秘魯足球發展初期，參與的體育組織如 Ciclista Lima Association 等，皆屬多元化發展，專項發展足球的球會尚未成立。一群愛好現代足球的男孩於一八九七年組成 Association Foot Ball Club，旨在將現代足球與欖球區分，為足球球會的成立潮掀開序幕。

此後，秘魯足球進入高速發展的時期，無論參與者、觀眾、比賽和人氣都與日俱增。二十世紀初，球會紛紛成立，涵蓋國內不同背景、地域、族群和階級。球會由原本隸屬於學校、在教育機構支持下由學生自發成立，到自社區或工作環境中發展而成的都有。

Atlético Chalaco 由卡亞俄學院（Colegio del Callao）的學生於一九〇二年成立，是由學校球隊轉型為獨立球會，以至地區代表的最佳例子。來自國立聖馬爾科斯大學（Universidad Nacional Mayor de San Marcos）的教授和學生們於一九二四成立 Federacion Universitaria，初期的對象僅為大學生，後來於一九三一年脫離大學獨立，並逐步發展為秘魯最成功的球會——體育大學。

足球從英人社群、少數精英和知識分子中迅速擴散，而工人階級的參與，則進一步使其成為大眾運動。一九〇四年，紡織廠的工人成立球隊 Sport Vitarte。至於成立於一九〇一年，來自維多利亞區（La Victoria）的利馬聯盟，則既代表當時的中產和工人階級，亦有豐富的跨族群背景，包括克里奧爾人和有色人種，其創辦人中亦有華裔和意裔等移民後代。除了卡亞俄和利馬以外，足球風潮也席捲全國，各大城市陸續有球會成立，包括一九〇一年庫斯科（Cuzco）的 Cienciano 和一九一五年阿雷基帕（Arequipa）的 FBC Melgar 等。

秘魯成為安第斯地區中最肥沃的土壤，在橫跨種族和階級的有利條件下，足球得以茁壯成長。秘魯足球聯賽於一九一二年成立，讓利馬和卡亞俄的球會在規律的賽程中提升水準。於二至三〇年代，一眾秘魯球會在南美巡迴賽中叫好叫座，其技術水平可謂處於南美前列。

隨著秘魯足協於一九二二年誕生，並於三年後加入南美足協，首支國家隊於一九二七年出現。最初的國定隊並未在全國揀蟀，而是以「利馬聯盟＋體育大學」聯隊出戰。然而，內部不和的團隊直接限制其表現，國家隊於二七年和二九年的南美錦標賽中都乏善可陳。

秘魯國家隊於三〇年代正式嶄露頭角，起步點正是一九三〇年烏拉圭主辦的首屆世界盃。球隊力抗當代最強的世界冠軍，最終以0：1僅敗予東道主，其表現和進步令人留下深刻印象。一九三六年柏林奧運，球隊於八強戰，在落後0：2之下，最終反勝奧地利4：2。然而，在納粹德國力保奧地利的壓力下，賽會以有球迷闖入球場為由推翻賽果，秘魯拒絕重賽的安排並憤而退賽。球隊回國後受到英雄式歡迎，而利馬一度群情洶湧，上街抗議奧委會的不公平對待。

隨著經驗累積，國家隊跟獎盃也越走越近。一九三八年的第一屆玻利瓦爾運動會（Juegos Bolivarianos），秘魯奪得其首個國際賽桂冠。[1] 一九三九年秘魯以主辦國身分，贏得更有分量的南美錦標賽冠軍。[2] 國家隊在上述兩項賽事，皆以全勝姿態勝出，表現具說服力。雖然球隊尚未曾於正式賽事上擊敗阿根廷或巴西，但秘魯仍堪稱當時南美的一股勢力。由 **Teodoro Fernandez**、**Alejandro Villanueva** 和守門員 **Juan Valdivieso** 等出色球員領銜的三〇年代，被視為秘魯史上的第一個高峰時代。

開局順利的秘魯足球，卻於四〇至六〇年代轉趨黯淡，不僅幾乎在國際賽場上顆粒無收，除了球場意外和暴力事件外，甚至未能在人前留下印象。

隱伏多年後，秘魯於七〇年代再度異軍突起。由「左腳詩人」（**El Poeta de la zurda**）**César Cueto**、**José Velásquez**、**Hugo Sotil** 等天才球員，加上被比利稱為球王接班人的古比拉斯（**Teófilo Cubillas**）組成的「黃金一代」，帶領秘魯寫下全盛時

1 玻利瓦爾運動會：類似奧運形式的多項目運動會，以南美解放者西蒙・玻利瓦爾（Simón Bolívar，台譯西門・玻利瓦）命名。參加的安第斯地區國家，包括哥倫比亞、委內瑞拉、厄瓜多爾、巴拿馬、玻利維亞和秘魯等，前者曾為「大哥倫比亞」的範圍，後者為「上秘魯」和「下秘魯」，在其獨立過程中皆可見玻利瓦爾的貢獻。

2 南美錦標賽（Campeonato Sudamericano）：為美洲國家盃（Copa América）前身。一九三九年南美錦標賽，由秘魯主辦，唯巴西、阿根廷和哥倫比亞未有參賽。國家隊四戰全勝，包括力克烏拉圭。

期的輝煌。

一九七〇年，秘魯闊別四十年後，再登世界盃舞台。他們於分組賽，憑悅目踢法、細膩技術、不屈精神，成為教世人眼前一亮的奇兵。他們於八強戰以2：4敗於當時得令的巴西，雙方合演一場精彩賽事，被喻為世界盃史上其中一場經典對決，可謂雖敗不辱。

「黃金一代」於七五年美洲國家盃過關斬將，收穫史上第二座重要獎盃。於七八年世界盃，他們以亮眼表現晉身次輪分組賽，古比拉斯光芒四射，包括對蘇格蘭百步穿楊、對伊朗連中三元。可惜世人的印象，大概只聚焦於0：6大敗予阿根廷的滿腹疑團。隨著球隊於八二年世界盃，1：5被波蘭痛宰，「黃金一代」也走到盡頭。秘魯足球再次從高峰滑落，隨後三十年幾近消聲匿跡。

參觀國內兩強

我照約定的日期時間，來到利馬聯盟的 Villanueva 球場（Estadio Alejandro Villanueva）。我在重門深鎖的接待閘口表明來意，簡單溝通過後，職員指引我到球場的另一處。如是者，我先後走遍三邊的閘口，等了足足一個多小時，臉上仍掛著連自己都感到虛假的禮貌微笑，最終對方還是只給我官方網址，便把我打發。「該死，那天不是叫我今早過來嗎？」我最後難以忍耐地以英文抱怨。還說是南美洲最受歡迎的球會之一，連最基本的接待也沒有。

預約的訪問不似預期，我便投奔宿敵，往近郊的體育大學碰碰運氣。體育大學的主場 Estadio Monumental 'U'，號稱是南美洲第三大的球場。小巴在球場附近的地方將我丟下，我一個人朝倘大的球場走去，一路上冷清清的，頗有一點悽愴。我走近球場閘口，並以翻譯軟件向看更示意，表達身分，希望訪問或至少入內拍照。在寫作的過程中，我當然試過多次參觀或訪問受挫，但這一次保安員更竟一再開口向我索錢！

「這是甚麼道理？」我真的很討厭這些保安員以權謀私，明明他的職責只是通報，是否接見根本不是他的決定。他們卻可能為了避免麻煩或索錢不成便打發我。我憤怒得大腳踢向閘口，對他破口大罵：「你要食飯關我甚麼事？難道我就不要吃飯嗎？你憑甚麼向我索錢？憑甚麼拒我於門外？」離開之時，我仍然一肚悶氣。

我當然明白訪問失利的主因，是因為我的語言障礙和計劃不周，但見微知著，上述際遇卻不由得令我聯想起秘魯社會，總被「混亂」和「貪腐」陰魂不散地纏繞。

社會造成的足球斷層

國際賽成績遠非足球水平的單一標準，唯秘魯足球的斷層顯而易見。而足球發展跟社會狀態緊密相關，往往是可堪參考的寒暑表。到底秘魯於「足球斷層」時期發生甚麼事？將兩者的拼圖湊合，也許能夠補闕拾遺。

有趣的是，在拼湊「社會」與「足球」的拼圖期間，我發現社會問題在足球上的呈現，有時候會出現時差。相信是因為某些社會狀況對孕育年青球員的影響，往往在十多年後的國家隊成績表中才能看到。

有人將秘魯現代史形容為「受盡折磨的歷史」。作為西班牙殖民者在南美的最後堡壘，秘魯獨立的過程很大程度依賴他者，包括解放者聖馬丁（José de San Martín）和玻利瓦爾。如同大部分的南美國家，民族獨立運動雖然成功驅逐殖民者，但未有動搖封建地主等利益集團的勢力，加上軍人的勢力龐大、各國間的領土爭議等，成為延續百年的核心問題。

秘魯於獨立建國初期，未能確立整全和穩定的政治制度，是長久以來政局不穩的主因。「軍事政變」彷似秘魯歷史的主題般，頻繁出現，縱觀整個二十世紀，獨裁操縱佔據時間的主軸，夾雜偶爾出現的民主時期。於一九一四至八四年期間，只有一位民選總統得以完成任期，政策措施自然難以持續。

當「貴族共和國」時期終結在 Augusto Leguía 之手後，秘魯步入後者十一年的統治。到一九三〇年，這位民粹獨裁領袖被推翻，各界勢力爭相搶奪權力真空。推翻前者的軍官 Sánchez Cerro 於一九三一年的總統選舉中獲勝，對手阿普拉黨（Alianza Popular Revolucionaria Americana，APRA）質疑選舉舞弊。其後阿普拉黨於一九三二年在 Trujillo 發動武裝起事，在起事和鎮壓過程中，雙方死傷慘重，過程充滿不必要的流血事件。Trujillo 起事與一九三三年 Sánchez Cerro 被暗殺，形成軍方與阿普拉黨的持久對立，也開啟秘魯史上漫長的政治暴力，濫殺報復之舉，此起彼落。

整個三至六〇年代，秘魯政壇反覆經歷多次的選舉干預和政變。相對開放的總統和文人政府上台後，每當遇上經濟社會危機時，便往往遭軍人政變推翻，壽命短暫。軍方奪權一段日子後，又因各方壓力和民意反抗下，被迫恢復民主秩序。以一九四八年軍事政變的獨裁者 Manuel Odría 為例，執政者為鞏固統治，頒布《國內安全法》、打壓公民自由，進一步依賴軍方和美國，加劇軍人長期亂政的循環、美國經濟殖民與政治操控。即使他最終下台，卻為往後政府種下百般制肘的禍根。秘魯政治長期在文人政府與軍事獨裁、開放和威權之間搖擺，公共政策推行短暫、割裂和極端化，令國家整體難以發展。

數十年幾乎連續的威權主義政府，直接打擊政治、制度和公民社會的長遠發展。以深具影響力和支持度的阿普拉黨為例，在政治亂局下，時而被取締，時而合法化，軍方阻撓民意代表上台，難以進入權力核心，也激發後來的激進主義。《足球是圓的》（The Ball is Round: A Global History of Football）作者大衛．哥德布拉特（David Goldblatt）更指出四〇和五〇年代公民社會被打壓，民間組織包括政治及體育團體，一律被查禁，是秘魯足球一度消失的原因。然而，七〇年代秘魯足球復興，跟六〇年代兩位總統恢復公民自由、開放黨禁、擴大地方選舉和民眾參政機會等開明措施是否有關，他則未有直接評論。

那麼「後黃金一代」的斷層呢？七〇年代後的動盪是顯而易見的。一九六八年，Juan Velasco Alvarado 發動政變，秘魯再次進入軍政府時代。以他為首的改革派軍人自稱為「武裝部隊革命政府」，他們上台後，推動深具民族主義色彩的所謂「秘魯模式」的改革，包括國有化、土地改革和企業所有企業制等措施。軍政府銳意解決依賴外資、廣泛貧窮、原住民弱勢、貧富懸殊和美國干預等長期問題，惜事與願違，大刀闊斧的改革並未成功解決結構性難題，反倒重挫原本已經衰弱的經濟，加深社會撕裂。

由於七〇年代軍政府大舉外債，到八〇年還政於民時，國家已是債台高築。整個八〇年代，秘魯都在承受災難性惡果，國家深陷貨幣貶值、通貨膨脹、普遍失業、糧食危機等困境。政府無力挽救幾近破產的國家經濟，自然災害令情況雪上加霜，繼七〇年及七四年的兩次毀滅性大地震後，厄爾尼諾現象（El Niño，台譯聖嬰現象）令漁獲銳減，亦沉重打擊漁業。一九八五年秘魯的外債達一百三十億，一九八九年首都有 81.2％人口未充分就業，翌年的通脹率更為 7850％的天文數字，示威、罷工與暴動不斷，國家處於崩潰邊緣。

秘魯自獨立以來，社會長期撕裂，城鄉差異、種族和階級對立，加上長年的普遍貧困和社會不公，滋長激進政治思想。七至八〇年代，左翼恐怖主義組織「光明之路」（Sendero Luminoso）[3]和「Túpac Amaru 革命運動」（Túpac Amaru Revolutionary Movement，MRTA）[4]成立，他們勾結盤踞山區的可卡因毒梟，並以政治暗殺、炸彈襲擊、破壞基建等行為，企圖以暴力搗毀國家機器，將一切推倒重來，並奪取政權。在「光明之路」活躍的八〇年代，秘魯無異於內戰狀態，雙方衝突間發生無數駭人聽聞的慘案，包括屠村、濫殺、虐待等反人權行為。根據真相與和解委員會的報告指出，一九八〇至二〇〇〇年期間，雙方衝突造成近七萬人喪生。

3 「光明之路」（Sendero Luminoso）：為極左毛澤東主義的游擊隊組織，由前大學哲學教授古斯曼（Abimael Guzmán）所創，採取極端恐怖主義，高峰期有數千成員，為國內最大的左翼游擊隊。自領袖古斯曼於一九九二年被捕後，組織開始走向衰落。報告指「光明之路」須為一系列慘劇和殘殺事件負責，雙方衝突中有一半的死傷者與之直接相關。

4 「Túpac Amaru 革命運動」（MRTA）：成立於八〇年代的左翼游擊隊，以最後一位抵抗西班牙的印加王 Túpac Amaru 命名，追求原住民主義和馬克思主義的結合，活躍於包括利馬在內的城市。有別於「光明之路」的濫殺，MRTA 的手法以避免傷及平民為原則。該組織最為人知的行動，是一九九七年「日本大使館人質危機」。

九〇年代日裔教授滕森（Alberto Fujimori）當選總統，他在位十年期間，成功挽救經濟和打擊恐怖活動，但這位鐵腕強人，因犯下人權罪和貪污罪，最終難逃倒台的命運。千禧年後，秘魯政壇依舊混亂，由二〇〇〇至一〇年間前後有九人坐上總統之位。而現時在世的秘魯總統，幾乎每一個都面對貪污的控訴。

政局混亂、貪污腐敗、經濟危機、動盪不安、內外交困，國家在千瘡百孔下難以喘息。如是者，秘魯足球於七〇年代曇花一現後，瞬即再度凋謝。

多災多難

時代背景固然掌管命運之門，但秘魯足球卻可謂多災多難，既有天災，也有人禍，分別打擊其足球發展。幾宗與足球直接相關的事件，多年來真相未明，但都明顯是「秘魯特色」的政治生態下的人禍，也是秘魯足球無以為繼的原因之一。

球場慘劇和飛機空難，在足球史上不屬罕見，著名如一九八九年英國的「希斯堡球場慘劇」、一九六八年阿根廷的「12號閘慘劇」、一九五八年曼聯（Manchester United F.C.）的「慕尼黑空難」和一九四九年拖連奴（Torino F.C.）的「都靈空難」等，無不教痛心疾首。「國家球場慘劇」和「利馬聯盟空難」，兩次傷痛都在秘魯人心中留下疤痕。

●國家球場慘劇

時間回溯到動盪的六〇年代，拉丁美洲受古巴革命鼓舞，左翼思潮高漲，示威和工人運動熾熱。一九六四年五月二十四日，超過上限的五萬三千名觀眾，在利馬的國家球場，見證一場關乎奧運資格的比賽。秘魯面對阿根廷，必須力求不敗，但卻以一球落後。直到比賽最後數分鐘，秘魯球員成功扳平，看台上歡喜若狂，但烏拉圭籍球證卻宣布入球無效。

主場球迷好夢成空，不服判決，並開始鼓譟。兩位憤怒的球迷先後闖入球場，並瞬即被制服，但警員仍野蠻地繼續以警棍毆打。眼前熟悉的「警暴」畫面，激起群眾積存以久的憤怒，他們將焦點由足球轉向對政權和警暴的不滿。

警方向人群和看台施放大量催淚彈，場面陷入一片混亂。恐慌的群眾湧入出口通道，但通向街道的閘口卻被上鎖，後方人潮卻仍不絕湧入，形成恐怖的人踏人事件。在狹窄的通道內，充滿催淚煙、恐慌、哭號、痛楚、血液，傷者被困數小時動彈不得，腳下是生死未卜的人體，猶如人間地獄。

有僥倖生還的群眾協助拯救，也有人逃出鬼門關後怒不可遏，到處破壞，事件演變成球場外的警民衝突和大型騷亂。根據官方數字，慘劇造成三百二十八人死亡，近四千人受傷，兩名警員殉職。事後各方互相指摘，甚至指控為政敵事先策劃的陰謀。

超過人數上限的入場率、比賽期間上鎖的閘口、激動的滋事球迷、過度使用武力的警察，全都是慘劇發生的人為因素。然而，國家球場慘劇的性質，絕非其他類近意外可比，全因球場外的警民衝突。世上沒有無緣無故的恨，當年警方因濫權和殘暴而臭名遠播，被視為威權主義下的幫兇。長期的警暴令民間積怨甚深，球場內的經歷成為爆發點。

在官方死亡數字中，場外的警民衝突幾乎被全然抹去。根據報章訪問，許多目擊者證實當天有人被槍殺，受訪者的家人自球賽後「一去不返」，卻未曾出現官方死亡名單之中。調查事件的法官直指「真相被埋沒」，在警方有計劃地毀滅證據之下，「被消失」的受害者數量難以估計。「國家球場慘劇」死傷人數為足球歷史之最，但為社會帶來更大傷害的，是政權的黑暗。數十年後的今天，真相仍被埋沒，社會公義難以彰顯。

●利馬聯盟空難

秘魯足球的另一道傷痕，是發生於一九八七年的「利馬聯盟空難」。為配合政府全國平衡發展的方向，秘魯足協推動聯賽改制，由全國三個地區的前列球隊競逐總冠軍。然而，相關配套卻未能配合，在欠缺全國性的鐵路或道路系統、球會或足協都財力有限的情況下，使用軍方廉價出租飛機的方案是僅有的選項。

一九八七年十二月八日，當身處聯賽榜榜首的利馬聯盟，從亞瑪遜城市Pucallpa得勝歸航時，卻發生嚴重空難。飛機於幾近抵埗前，意外墮入卡亞俄對出的太平洋水域，機上四十四人中，只有機師奇蹟生還。

「利馬聯盟空難」引起極大震撼，全國哀鴻遍野。球會所在的La Victoria區，放滿群眾哀悼的蠟燭、球衣和照片。利馬的每個球場和教堂，都有相關的悼念儀式或彌撒，有人參與球員故鄉的葬禮，也有人為死難者舉行殉葬遊行，甚至有群眾主動前往海邊，協助尋找遺體。全國上下一片愁雲慘霧，肇事的海軍卻默不作聲。海軍拒絕私人調查的要求，也沒有公開官方的調查報告。當渴望尋求真相的家屬，聚集在海軍基地門外時，卻被對方的子彈趕走。

真相再度被國家機器埋沒，傳聞不絕於耳。其中一則傳聞指，利馬聯盟的球員因在飛機上發現可卡因，揭發海軍勾結毒梟。殺人滅口的海軍最終將飛機墜毀，以意外作為掩飾。雖然難以證實，但因軍方長年的腐敗殘忍，讓相關傳聞甚囂塵上。事件真相石沉大海，也讓秘魯足球復興的希望和未來葬送汪洋。

●世界盃假波疑雲

相比之下，「78世界盃假波疑雲」，雖讓秘魯足球的榮耀止步，但不至人命傷亡，或者已算是萬幸。

「武裝部隊革命政府」於一九六八年藉政變上台後，推動「秘魯模式」改革，充滿社會主義和民族主義的色彩。在廣泛和整體的改革藍圖中，足壇亦被納入範圍之內。在「國有化」、「土地改革」和「企業所有企業制」的三大支柱下，壟斷政治經濟多年的寡頭集團和大地主們成為打擊的對象，工農階級和原住民的權益受到重視。

軍政府利用國家隊奪得世界盃入場券的良機，於一九六九年九月，頒布《國家體育組織法》，推動一系列的改革和重組。球會世襲式管理、球會領導層間「黑箱作業式」的「君子協定」、首都地區球會獨大等情況，成為整頓的重點。

球員過往受制於球會家長主義式的管理，收入受傷病和上陣次數影響，亦沒有合約保障。軍政府採取由上而下的改革，改變球會制度，確立球員在球會的僱員身分，並提升其作為勞動階層應享有的權利、待遇和保障。如同其他產業，在「企業所有企業制」的精神下，提升球員在球會的參與和地位，並逐步促進勞工和僱主的共同管治。他們希望將足球由寡頭集團的控制，改為大眾參與的運動。

一九七〇年，秘魯歷史上第二度參與世界盃決賽周，更是首屆以彩色電視轉播的賽事，成為軍政府宣揚改革思想，展現民族主義的最佳舞台。國家元首 Juan Velasco Alvarado 的一番演說，在高呼「¡Arriba Perú!」的同時，更直接將國家隊、改革措施、民族尊嚴和未來願景掛勾。軍政府躊躇滿志，更派出將領協助球隊積極備戰，而國家隊亦不負所託，以精彩表現贏盡掌聲。

巴西和阿根廷的經驗表明，縱使不甘人權和自由受創，但就一時國家隊的成績而言，獨裁政權未必盡是壞事，有時甚至乎可以是一種助力。民粹主義獨裁者往往借足球建立建立威望，通過舉國體制或不擇手段，提升勝率。不過，政治干預的結果如何，有時還需視乎政權的實力。

在改革過程接連受挫後，莫拉雷斯（Francisco Morales Bermúdez）於一九七五年發動政變奪權，美其名是將「秘魯模式」改革，由進取的「第一階段」，過渡到修正的「第二階段」，實際是宣布大部分措施無以為繼。

秘魯挾一九七五年美洲國家盃冠軍之名，打進一九七八年世界盃決賽周。球隊於首輪分組賽表現出色，卻於次輪分組賽判若兩隊，一球不進，三戰皆北。當中最受爭議的，是最後一場以0：6慘敗予阿根廷，給予對方所需四球或以上的淨勝。這個令人難以置信的賽果，不僅令同組的巴西無緣決賽，更留下「假波疑雲」，為秘魯足球留下污點。多年以後，秘魯政要 Genaro Ledesma 的供詞證實，雙方賽前早已協議「保送」阿根廷進入決賽。

阿根廷軍政府利用足球「洗白」政權、鞏固統治，但經濟破產之下，秘魯軍政府已經輸無可輸，他們樂於接受主辦國的大量糧食和政治利益，也不顧史上高峰的「黃金一代」本來有望走得多遠了。

●大地震

人禍揭露政權黑暗，天災彰顯人性光輝。一九七〇年世界盃揭幕當天，秘魯發生一場7.9級大地震，引發大規模山泥傾瀉和雪崩等災難，山泥傾瀉範圍甚至比起荷蘭加上比利時更大。來自海底的短短四十五秒地殼震動，奪去近七萬人生命，讓數以百萬人流離失所，毀滅性的破壞撼動國家根本。

於那個通訊不發達的年代，身處墨西哥的國家隊成員雖驚聞噩耗，卻無法確定家人親友的安危。國家遭逢浩劫，摯愛生死未卜，寢食難安之下，「球隊應否繼續參賽」頓成疑問。最終，國家隊成員決定負重致遠，「為家鄉而戰」成為當屆球隊的最大動力。

兩天之後，國家隊面對保加利亞，開局彷彿神不守舍，到落後兩球之後，球隊如夢初醒，僅以二十三分鐘時間便連入三球，反勝對手。其後球隊面對摩洛哥、西德或甚巴西，除了踢出個性自主的足球風格，也在世人面前展現堅韌不屈的凌厲後勁。尤其對陣巴西之戰，球隊由落後、到拉近、又落後、再力追，未到完場仍不放棄，鬥志可嘉。球隊上下表明希望憑藉足球雪中送暖，為秘魯百姓帶來僅有一點點歡樂。足球雖然未必能帶來幸福，但至少可以令人暫時忘卻痛苦。人非草木，細聽箇中故事後，更覺秘魯當屆的佳績實屬難得，也為其堅毅動容。

回看當年的足球片段，球員在賽場上的拚勁，於逆境中的堅持，還有他們的真摯笑容和精神面貌，讓我開始明白秘魯這個國家。我明白到多災多難的，不止是秘魯足球，而是秘魯本身。包括足球在內的整個社會，都因為政治制度和天災人禍而停滯不前、飽歷滄桑，但秘魯於艱辛與不幸中，在劫難和不公裡，磨練出驚人的意志，抓緊僅有的快樂，在罕見的國際舞台上，塑造民族的個性，展現積極態度與生存智慧。

原來「秘魯足球的無以為繼」不過是偽命題，也許秘魯足球並非世界頂尖，成績也不卓越，但其實它從不斷絕。從七〇年代「拉美文學爆炸時期」後的文學作品可見，足球即使不在國際的大舞台，也活於百姓的小故事中，它深入秘魯的生活裡，其社會意義從未消失。足球，是苦中的一點甜，是身分建構的載體，也是社會的一面鏡子。

●由印加走到秘魯

我帶著新的視野，離開首都利馬，遊走各地，輾轉抵達庫斯科。一路走來，除了自然風光和文明遺址之外，最讓我深刻的，是一張張原住民的臉。

從利馬、瓦拉斯（Huaraz）、阿雷基帕到庫斯科，各處都可見穿著傳統服裝的原住民。他們擁有黝黑的肌膚、深刻的輪廓、皺皺的臉頰、粗糙的指頭，配以鮮豔的布帶，時而揹著嬰孩，時而帶著重物，都在沉默寡言地低頭幹活。他們樸實的臉，彷彿將數百年千錘百煉的歷史和故事，在血液裡代代相傳。當中最教我動容的，是庫斯科的一對擺販母女的臉。

小女孩雖身處簡樸匱乏的環境，卻因為滋味小吃，展現知足的笑容。了解過原住民困境的我，卻悲從中來，面對眼前的清純雙眸和天真笑臉，一時之間，難以言語，甚至無法直視。

作為昔日印加帝國的中心，庫斯科有不少強調印加淵源的符號，如廣場中央的古戰士雕像、壁畫故事、太陽圖騰和石壁的讚美詩等。每個旅人都為馬丘比丘及聖谷等遺址而來，也享受庫斯科獨有的魅力。我雖浸淫在一片古印加的氛圍之中，但也不能抽離在教堂和殖民建築之外，兩者雖共存，卻又似割裂，於時空中失卻立足的連接點。

我大概是極少數身處庫斯科，仍會想著足球的人。從舊城區的兵器廣場往東南

5 加西拉索（Inca Garcilaso de la Vega）被稱為「El Inca」，是殖民初期重要的史學家。他出生於印加陷落數年後的庫斯科，父親為西班牙征服者，母親則是印加貴族，屬第一代的麥士蒂索人（Mestizo）。他著有《印卡王室述評》（Comentarios Reales de los Incas），為後世提供印加帝國的重要史料，加深南美人對過去歷史的認知。

走，我徒步來到位於市中心的加西拉索球場（Estadio Inca Garcilaso de la Vega）。[5]用作命名球場的，是一位同時繼承西班牙和印加血統的史學家，彷彿象徵西班牙與古印加的結合，便是古印加與現代秘魯的承傳和連繫。然而，由古印加到當代秘魯，「衣缽傳承」的過程，卻從來不是一帆風順。

眾所周知，西班牙殖民者血腥侵佔印加帝國，建立數百年的殖民統治，過程中經歷歐洲人與原住民的融合，成為現今的主要人口結構。[6]然而，秘魯獨立後，克里奧爾人統治精英拒絕接納民族多元的事實，象徵印加血脈和傳統的原住民長期被邊緣化。原住民被視為「野蠻」和「低等」，是統治者眼中的「他者」的存在，其國民的權利也被剝奪。白人統治精英與原住民貧民的權力不均、資本階級與勞動階層的差異、海岸地區和山地的文化矛盾等，成為二十世紀秘魯長期動盪的關鍵因素。

由於人口結構複雜，幾乎每個拉美國家都必然要面對「建構國族身分認同」的課題。跟阿根廷和巴西不同，秘魯足球鮮有因此得到政權的祝福。政治寡頭集團長期壟斷，地位牢固，根本無需藉建構國族認同來鞏固優勢，因而也不熱衷於利用足球。

自「一九一九年一代」思潮起，代表「原住民主義」的聲音，便提倡建立紮根原住民文化的新國族認同。「原住民主義」在秘魯經歷接近一世紀，卻只能在政局混亂中進進退退。統治階級對原住民及其文化，從過往的鄙視和歧見，到尊重與擁抱，轉變過程達數十年之久。現時，不僅克丘亞語（Quechua）已被正式納為官方語言，原住民的公民參與和權利也獲得憲法的保護，在多元文化主義的旗幟下，一種相對開放包容的國族身分認同也得到確立。

在這個融合的過程中，不論學術、文化或政治等界別都有所貢獻，足球雖無法擔任主角，但也並非全無角色。無論是大歷史或小歷史中，足球都藉建立共同身分，促進融和。

6 麥士蒂索人（Mestizo）是指歐洲人與美洲原住民所生的混血人種。克里奧爾人則是指出生在殖民地的歐洲裔後代。

利馬聯盟早於成立之初，便被視為非裔秘魯人與低下階層的球隊，不論是其球員或支持者之中，都有深厚的非裔背景。利馬聯盟迅速成為國內最普及的球隊之一後，他們陣中的黑人球員深受大眾擁戴，其中 Alejandro Villanueva 更被視為「秘魯首位黑人球星」。早於秘魯國家隊成立初期，非裔球員已佔一席位。以 Alejandro Villanueva 為例，他和其他黑人球員於三〇年代在國家隊表現活躍，也促進非裔秘魯人的社會地位。

「黃金一代」的成功，不僅於地震後帶來一點歡樂與安慰，也象徵著秘魯的多元和團結。不論是非裔的古比拉斯、Héctor Chumpitaz，原住民血統的 Hugo Sotil 或混血歐裔的 César Cueto、Roberto Challe 等人，都無私地為共同目標付出，成為秘魯社會的典範。

我身處的加西拉索球場，不僅象徵過去的連結，也肩負繼往開來的重任。其中一家共用球場的本地球會 Cienciano，於二〇〇三年「爆大冷」奪得南美球會盃，摘下本國史上首個球會級別的國際錦標。這家名不經傳的庫斯科球會一鳴驚人，一時之間，大家都對其成功之道議論紛紛。當時的球會主席 Juvenal Silva 將之歸因於「準時出糧」的樸實因素，媒體則渲染球隊獲得巫術之助，又傳言得力於傳統補品瑪卡（Maca）。[7]

巫術或神藥之說或未可知，但球隊的晉級策略，則是效果顯著。球隊每每於作客時拚命堅守，爭取和局或僅敗，並在海拔三千三百六十米的主場，抓緊自己的優勢，屢屢上演以弱勝強的好戲。正如馬丘比丘因位處險要秘境，而免遭殖民者侵害。高地人生活多年的艱辛環境，成為他們獨有的武器。庫斯科球會創造奇蹟，也讓原住民文化和習俗，以另一種形式成為熱議的話題。

如今，一度被遺棄的印加文化和原住民，已不再如過往一般被壓迫。印加雖非唯一，但確是秘魯重要構成的元素。在秘魯身軀內流動的印加血脈，與外來的多元

7 瑪卡（Maca）：又稱為「秘魯人蔘」，是一種生長於接近四千米的安第斯山脈上的根莖類植物。據稱古印加人在戰鬥前服用，有提神、增加體力和壯陽之效。

文化融為一體，成為秘魯文化的一部分。多元的秘魯文化，以各種形式呈現，如同烤天竺鼠、Chifa、Ceviche和各式街頭小吃等，爭相成為秘魯美食的代表。

相隔三十六年後，秘魯於二〇一八年再度進入世界盃決賽周，社會彌漫一片樂觀氣氛，民眾士氣大振。於過度亢奮的同時，秘魯的「混亂」與「腐敗」依舊。足球，在秘魯文學中，經常象徵純粹與激情。也許就如熱愛足球的文學巨擘尤薩（Mario Vargas Llosa）所言，足球是「虛空的歡愉」，而這僅有的歡愉也是秘魯的所需。[8]

秘魯足球可能並非以卓越著稱，但她總是努力活出自己。每當提到秘魯足球，我總想像堅韌不屈的精神；我總聽見不離不棄的歌聲；我總憶起樸實無華的臉孔。

8 尤薩（Mario Vargas Llosa）：被視為當代秘魯文壇的代表人物，並為二〇一〇諾貝爾文學獎得主，其作品包括《城市與狗》、《胡莉婭姨媽與作家》、《酒吧長談》、《公羊的盛宴》和《水中魚》等。尤薩曾參於一九九〇年總統大選一度領先，但最終於第一輪投票中落敗。他曾發表過文章〈虛空的歡愉〉，形容「足球或者並非如社會學家或心理學家形容那般複雜，只是提供日常生活難以經驗的激烈情緒、讓人單純地享受和興奮的機會。」

P E R U

秘魯足球從來不乏熱情，奈何社會動盪，影響整體發展。

早於秘魯球王古比拉斯之前，利馬聯盟一直以願意重用非裔球員見稱。

利馬作為秘魯首都，亦代表國內富饒的沿海地區勢力。

秘魯社會仍存在許多不公和剝削，公民社會的路仍舊漫長。

原住民主義在秘魯發酵多年，現時原住民權益已有所改善，而且印加亦成為國族身份的圖騰。

秘魯山區的經濟模式和狀況，跟沿海地區差異甚大。

CHAPTER 4

世界之最：玻利維亞

為甚麼高原主場未能為玻利維亞帶來穩定佳績？

玻利維亞，香港人既陌生又稍有印象的國度。玻國擁有許多的世界或南美之最，無一不寫下其獨特的風姿和無可取替的故事。她擁有「天空之鏡」所在的世界最大鹽湖、世界海拔最高的首都、曾經世界最大的銀礦、南美第二大的天然氣蘊藏量、世界最多的鋰藏量。不幸地，資源豐富、地貌多樣的玻利維亞，同時是南美最貧窮之一，也一直經歷最不公義的故事。

親身來到玻國之前，認識極其有限，只對「天空之鏡」和「世界最高海拔國家隊球場」兩者最為深刻。玻利維亞，作為南美足球弱旅，極少人會為其足球而來。然而，以足球作為了解本國的切入點，仍然獲益良多。

世界最高

我在秘魯旅行一個半月後，來到尾站的的喀喀湖。這個南美最大淡水湖，既是世界最高最大的可航行的湖泊，更是印加文明的聖地。的的喀喀湖由秘魯和玻利維亞共享，也可說是兩國血緣和文化連繫的印證。

自從抵達湖畔城市 Copacabana，便已經常看到本地人身穿原住民服飾。他們只是如常地生活，並非吸引旅客的餘興。雖然秘魯境內的湖上蘆葦浮島極具特色和吸引度，商業味卻過於濃厚，相比之下，入境玻國後顯得純樸真摯得多。我特別喜歡湖上的太陽島（Isla del Sol）。在印加傳說中，的的喀喀湖是太陽誕生之地，太陽島就是太陽之子踏足人間的首個地方。

太陽島上，除了有重要的 Chincana 遺蹟，更有原住民生活的村莊。黃泥小屋、翠綠梯田、矮小石牆，還有許多走過的馬牛羊驢等，很樸素而真實的村莊，每一處都是生活。拐一個彎，便能看到村落另一方。農作物依山勢延綿栽種到沙灘邊。湖水清澈，在高原的陽光映照下，呈現豐富色彩。我在太陽島南部村落 Yumani 留宿，刻意慢活，感受這個古文明的聖地。

住宿雖然簡樸，但環境清幽。清晨，喝一口咖啡，細看著眼前景致，近的有蜂兒遊走在鮮艷花卉間，前方的下坡是一道道休耕的梯田，偶爾幾頭驢子在小徑走過，跟遠方的同伴相互呼應。鳥兒在四處追逐，不見其蹤跡，沒多久又偶爾在我跟前或上空略過，或是短暫停留在附近的花枝樹梢上，引誘我的鏡頭。湖面是一張寬敞的畫布，溫柔的波紋輕得像漣漪，卻是延綿不斷，生生相息。平靜的湖面像是一成不變，卻在每一寸的微細中千變萬化。

它的「變化」是如此的輕柔，絲毫不突兀，猶如一呼一吸，盡顯生命力。我順著大自然的節奏調整呼吸，嘗試跟它同步，化作一體，我們本就為一體。眼前最遠處，是一脈連綿的雪峰山嶺，靜坐在湖的對岸守候。我無法讓注意力從雪山的純淨中抽離，它彷彿能吸納和包容所有，凝定我的心神。一整天，無論在房間裡、平台、或是走到山上，我都躺在眼前美景的懷抱中，沒有特別的喜悅，只有一種安然與平靜。抵步後的第三天，我的心便已被玻利維亞俘虜。

一天黃昏，我讓路於忙於搬運的幾頭驢子，在牠們身後，是一位老邁的原住民婆婆，緩慢而吃力地前行。我帶著無言的嘴巴，想要向她表達：「我有甚麼可以幫忙嗎？」希望至少替她揹一下她背上的重物。然而，她揹的是以布綑綁的樹枝，並不容易讓我揹上一下便還給她。眼看著她一步一步地踏上階梯，她的吃力，更顯我的無力。我想起一位本地朋友說過：「原住民的生活是非常刻苦的。」以至後來，每當我想起原住民的生活時，婆婆的背影都浮現腦海。

我輾轉來到拉巴斯（La paz），玻利維亞的實際首都（法定首都是蘇克雷，

Sucre）。它位處高原上的盆地山谷，地勢獨特，整個城市依山而建，從中央的市中心向外和向上擴展。有別於香港的「半山」，交通不便的山區在拉丁美洲是低下階層不得已的居住選擇。

從秘魯至今，我不經不覺已在高原地帶生活數周，因而對於身處世界最高的首都，並沒有太大的適應困難。當然，上坡乏力、拾級氣喘等情況，仍是難以避免的。氣喘如牛之時，我難免在想「怎麼可能在這裡持續跑步？甚至踢球賽？」我決定往球場去一探究竟。

「世界最高國家隊球場」的靴蘭度施里斯球場，高居海拔三千六百三十七米，多年來為南美洲對手帶來另類考驗。作為南美洲下游球隊，玻利維亞雖曾三次出席世界盃決賽周，但只有一九九四年一屆是靠外圍賽晉級的，在美洲國家盃的往績大都是「陪跑分子」。然而，國家隊正是在這個主場，於一九九三年，以2：0戰勝巴西，打破對方世界盃外圍賽不敗紀錄，並為自己贏得決賽周席位。近年令人印象更深的，就是二〇〇九年主場6：1擊潰阿根廷、二〇一三年美斯在場上「踢到嘔」

了。面對玻利維亞的高原主場，一九七二年阿根廷足協甚至使出「鬼影國家隊」（La Seleccion Fantasma）的奇謀，另選一批球員預先往阿根廷北部的高地進行特訓，可謂如臨大敵、花樣百出。

「為何高原主場未能為玻利維亞帶來穩定佳績？」我不禁好奇地想。

球場就在市中心不遠處，我在市中心慢慢徒步前往，市內許多的巴士都會路經此處。球場前的迴旋處交通甚為繁忙，中間是象徵古文明的雕像和石柱，彷彿時刻強調與歷史和土地的連結。我在外圍拍攝數張相片後，看到球場內疑似職員和辦公室，便以極低水平的「西班牙語單字」表明來意，希望碰碰運氣，誰知對方竟爽快地為我引路。我得以在「導賞」下參觀這個國家隊主場。

招待我的 Ramiro，是球隊的醫護人員，能說一點英語。他說：「歡迎你的到訪，我會盡力為你提供所需。希望你能感受玻利維亞人的友善。」Ramiro 帶我進入正在維修的球場內，甚至想盡辦法，讓我能走到ＶＩＰ和傳媒室參觀拍照。雖然他的英語水平也僅屬有限，但至少讓我進一步了解玻國足球聯賽的形勢和制度。其時國內聯賽只有十六隊，由當中首四名晉身季後賽爭冠。戰績最強的要數玻利瓦爾（Club Bolivar），其次則是同市競敵最強者（Club the Strongest）。後者將於數天後在本球場出戰玻利維亞本土盃賽，他建議我親臨觀看。

因為我的西班牙語實在太差，幾番嘗試後，始買得當晚的球賽門票。我終於能進場見證球員如何在高原作賽。這場比賽由拉巴斯的最強者，對陣來自東部大城市Santa Cruz的球隊Oriente。說來兩者都擁有甚為極端的主場，分別是高原和熱帶，相信主場和作客的表現會頗有分別吧？還是他們已經習慣了呢？玻國雖然以高原聞名，但並非全國都位於高海拔，除了安第斯高原、安第斯山間谷地以外，就是東部的熱帶和亞熱帶區。

我們的座位雖然視野不錯，但並非我經常傾向選擇的主球迷看台，氣氛略遜一籌。我看著對面的球迷，大聲唱歌，甚至脫去上衣在打氣，真希望自己能身處其中。球賽本身的水平不高，雖然未至於沉悶，但實在難說精彩。反倒是看到球員的「離譜射門」、「第三時間傳球」、「解圍失誤」以及「多數作出較差的選擇」時，感到頗有娛樂性和代表性。客隊門將整場比賽甚為忙碌，卻幾乎未嘗能夠接牢來球。客隊於難得的一次反擊機會中，球員在無壓力下大腳推進，自己將球帶出界……反觀主隊的表現亦難言優秀，最強者的球員無法有效在中路組織，眼見隊友在邊線引球時，其他攻擊球員又不懂入楔或「擺位」，加上傳中質素低劣，只能依賴遠射，卻不見得有威脅。

比賽中，表現較為亮眼的，算是最強者的10號球員，他使出靈光一閃的後腳跟傳球，可惜卻所託非人。最終，最強者在全場壓制對方的情況下，只能勉強2：1反勝對手。我也罕有地感到平靜地看完一場賽事。親身見證之下，我似乎想像到他們為何成績不濟。

南美最窮

由於玻利瓦爾位於治安不佳的地帶，Ramiro 建議我只前往最強者的主場進行訪問。因為他的一句說話，一張便條，我盲目地坐上不知目的地的巴士，出發往另一個球場去。途中經過不少令人期待的纜車路徑，為此山城的重要交通和遊覽的絕佳方式。大約四十五分鐘後，我終於到達了似乎是富人地區的最強者的所在。

球場本身並沒有特別的阻隔，我當然不會客氣。然而，在見到有看門狗的情況下，便禮貌地球隊的洗衣大姐說明來意。她友善地歡迎我，讓我就這樣一個人地走進球場。雖說是玻國班霸，但球場的規模和質素實在是有限，多少也反映出本國的財政和足運發展。

「咦？怎麼會有隻羊駝在球場內悠然自得地閒著呢？」我當下哭笑不得。然而，仔細一看，球場背靠的山坡頗為宏偉，跟身處低密度地區內的球場，構成一幅寫意的風景畫，加上羊駝的畫龍點睛，算是玻利維亞獨有的安第斯特色吧？

對於最強者僅有那麼一點點的印象，就是在出發前搜尋資料。諷刺的是最強者完全沒有強者的風範，是南美自由盃的的「魚腩」。我前往球會辦公室嘗試提出訪問要求，雖然仍是言語不通，但卻成功打動對方。職員們努力找到一位略懂英語的「外判工」為我引路，讓我進入球會內部參觀其更衣室、健身室和飯堂等設施。正如Ramiro和最強者職員所言，跟拉美大部分的國家一樣，足球是最受歡迎的運動，然而因為欠缺資源和良好的青訓系統，本地聯賽水準有限，而且裹足不前。

根據《足球經濟學》（Soccernomics），一個國家的足球發展和水平，其足球人口和資源是關鍵因素。足球雖然作為玻利維亞最受歡迎的運動，但這個南美最貧窮的國家，人們面對的更是生存問題。該書比較世界各國在不同體育項目的表現，得出的結論是財富在運動發展中是極關鍵的因素。以人均排名第一的挪威為例，全國各地都有優良的運動設施，群眾也有足夠的餘錢讓孩子接受正規訓練。書中亦指出貧窮國家難以發展運動的幾大原因：飲食營養不良影響體質、疾病、欠缺網絡和組織的資源等。

或許，不用 Ramiro 或甚麼專家的解釋，問題的答案，早已遍布市內每一寸角落。

全球最年幼的合法童工

在拉巴斯的大街小巷都會看到乞丐，他們不少是婦女和孩子。每一天，都有無數孩子放棄學業，流落街頭。有些孩子稍微扭動身體，以「舞姿」作「表演」行乞；有些孩子走近交通燈前停駛的汽車，隨便地以布抹抹玻璃，好向司機收取「服務費」；有些孩子則「還原基本步」，直接向眼前的路人乞討。我曾經在食肆吃一頓晚飯期間，不斷有不同的孩子來向我賣藝、乞討或出售文具，每次拒絕他們的時候，我都感到心酸，但我卻不得不如此。為了生活，孩子連上學也可能沒機會，還談甚麼足球？

參觀球場後的歸途上，我再次注意到滿街行乞的孩子。其中有兩位年輕的兄弟，就在公園旁的廣場，向每個路人伸手乞討。當然，他們也不會「放過」路過的我。只有幾歲的小男孩活潑地衝向我，當然是伸手要錢。我很愛孩子，無法用冷漠回應這雙純真的眼眸。我像往常跟孩子玩一樣的態度，堅定而充滿笑容地說：「No!」孩子當然不會輕易放棄，他一口氣地說：「Dollar, dollar, dollar!」絲毫也不煩人。很自然地，他要求的小手和我拒絕的雙手纏在了一起。我們像鬧著玩的，也像在街頭起舞，我幾乎要把眼前可愛的孩子抱起。短短幾秒間，在四目交投中，即使立場矛盾，卻並無角力。

他就如每一個純真的孩子，想要跟我玩下去。他大大的雙眼很美，我卻幾乎看出眼淚來。為甚麼要孩子去承受這種生活？他經歷了怎樣的故事？這張無邪的笑臉將如何迎接自己的命運？會有怎樣的成長？是甚麼社會，讓孩子露宿街頭，只能在乞討的過程中，繼續他那本該有的童真與愛玩？誰能把童年還給他們？可是，我甚麼也做不到。作為旅人，作為過客，我甚麼都做不到。我只知道，我不可以給他錢，去助長這種不應然的生活。玩耍一會兒後，我轉身離開，他們卻只可以留下。我的心一直揪著，無法釋懷。

玻利維亞長年是南美洲最貧窮的國家，全國的財富集中在少數的白人和利益集團手中。國家多年來依賴其他國家的財政援助，貧窮人口逾半甚至曾經逾60％，近40％人生活在極端貧窮的環境。國內產業如農業和礦業等，普遍機械化程度不高，低技術勞動力在市場上仍相當重要。由於普遍的貧窮問題，家長收入不足以養活全家，無數小孩被迫工作，二〇〇八年估計全國的未成年童工人口逾八十萬。

為了釋放勞動力，應對貧窮的困境，玻國國會於二〇一四年具爭議性地將合法工作的年齡，由十四歲下調至十歲（二〇一八年調整為十二歲），為全球最低。支持者認為，國內許多家庭的收入都不足以應付基本生活，即使「違法」，童工的情況都是為勢所迫地持續存在，將合法年齡下調至社會真實情況的水平，反倒有利童工得到基本保障。然而，兒童放棄學業，投身勞動力市場，實在違背教育本義，也令跨代貧窮的情況難以改善。

跟拉巴斯的混濁空氣和混亂感全然不同，蘇克雷的舊城區處處洋溢歐洲風情，環境宜人，且相對安全寧靜。我在蘇克雷住了近兩星期，一度讓人忘卻在拉巴斯擠塞的馬路上「求財」的孩子們。直到我參觀市內的 Estadio Olimpico Patria 時，在這個設備良好的球場外，看到一群孩子在球場外踢球，才又想起玻利維亞的足球和孩子們。

阿根廷名將巴迪斯圖達（Gabriel Batistuta）說過，自己踢足球的主因是為了脫貧，但在整體足壇不濟和欠缺資源的玻國，足球根本談不上是出路。當一個國家需要讓十歲的孩子工作賺錢，還有多少空間，從小培養足球人材？足球，仍然可以是他們的娛樂和精神食糧，但這樣的社會，可以孕育出怎樣的足球？

持續的最不公義與最荒謬

我首次聆聽玻利維亞的故事，是閱讀張翠容的《拉丁美洲真相之路》。書中一句「坐在金礦上的窮人」，言簡意賅地道出玻國經歷的不公義歷史。自從西班牙人入侵起，這片富饒的土地一直面對「擁有即是失去」的命運。從數百年前的首屈一指的銀礦，到金礦，輾轉至錫礦、石油、南美第二大天然氣和現時佔全球半數蘊藏量的鋰礦等，大地之母餽贈大量豐厚的禮物，卻竟為原住民帶來多年的「資源詛咒」。

的的喀喀湖從古代起，便是南美洲中部的文明發源地和政治中心。於許多不同的朝代下，現時的玻利維亞都跟秘魯屬於同一國家之內。自十六世紀西班牙人入侵殲滅印加帝國後，將本地納入秘魯總督轄區，時稱「上秘魯」。

到十九世紀初，拉丁美洲各國紛紛獨立，阿根廷獨立英雄聖馬丁率兵從西班牙人手上解放利馬，秘魯於一八二一年宣告獨立。來自委內瑞拉的獨立運動領袖——

西蒙．玻利瓦爾，於一八二五年在上秘魯建立獨立國家，並以其名字命名為「玻利維亞」，現時法定首都所在的 Chuquisaca 則改以其下大將之名命名為蘇克雷。

然而，玻利維亞獨立後，百姓絕非過著「幸福快樂的日子」。玻國經歷多年的考迪羅（Caudillo，又譯高地酋）統治和寡頭政治，國內資源分配嚴重不公，大地主和白人佔據大多數財富，佔人口比例多數的原住民更被排除在福利、教育和公民權利等不同範疇之外。[1]

拉美各國獨立後的邊界模糊，加上原始地貌如雨林和沙漠等甚多，各國建國初期都未有心神理會，更遑論為其角力的動機。然而，隨著越來越多的資源被發現，玻利維亞卻面臨一次又一次的挫折。

1 考迪羅（Caudillo）：拉丁美洲獨立後廣泛出現的「軍閥」獨裁現象。

一八七九年，為爭奪豐富硝石和鳥糞資源的西海岸中部的阿塔卡馬沙漠，玻利維亞聯同秘魯，與智利之間爆發太平洋戰爭（Guerra del Pacífico）。至一八三三年，前者的聯軍戰敗，玻利維亞被迫割讓 Antofagasta 一帶的海岸線，自此成為內陸國家，命途進一步坎坷。阿根廷也乘亂介入，奪去玻國部分阿塔卡馬高原的原有領土。失去港口的玻國，百多年來一直絞盡腦汁、苦苦掙扎。

一八七七年巴西東北部發生旱災，大批巴西人遷入玻利維亞北部的阿克里地區（Acre，台譯阿克雷）定居。隨著橡膠價值上升，蘊藏金礦也盛產橡膠的阿克里地區，成為巴西覬覦之地。國力疲弱的玻國，無力應對該區宣布獨立的巴西新移民，終於屈服在巴西的各種手段下，以近乎被掠奪的形式與後者達成「換地」協議，痛失一大經濟產地。此一發生於一八九九至一九〇三年的邊界之爭，被稱為阿克里之戰（La Guerra del Acre）。

自發現石油蘊藏量後，玻利維亞與巴拉圭就大廈谷地區（Gran Chaco）的領土爭議轉趨激烈，雙方背後牽涉不同的石油公司和鄰國勢力，並於一九三二至三五年爆發廈谷戰爭（Guerra del Chaco）。長達三年的廈谷戰爭，讓本來就疲弱的兩國進一步崩潰。在停戰協議中，大部分的廈谷地方歸巴拉圭所有。自此，禍不單行的玻國更是一蹶不振，其領土面積相比獨立之初，只剩不足一半。

對外敗戰連連，對內也受盡剝削。二〇〇五年首次當選的反美左翼原住民總統莫拉萊斯（Juan Evo Morales Ayma），上任後推動一系列國有化措施，以行動控訴美國多年來的帝國主義剝削。他於二〇一二年十二月，馬雅曆時代更替之時，在太陽島發表一篇被視為歷史性的演說。他在演說中直指不受管制的資本主義帶來貧窮和不公義，表達對全球化、經濟殖民主義和新自由主義的反對，並暗指美國的利益集團「鼓吹那些損及經濟及國家主權的金融措施、榨取的商業生產計畫，壟斷對自然資源的控制及其勞動所得。」呼籲不再成為北方廢料棄置場和原材料供應鏈。

高地主人的反擊

「擁有即是失去」，玻利維亞的原住民數百年來，鮮能得益於先天的環境優勢。莫拉萊斯強調水、電訊、傳播和公共衛生等基本服務屬於人權，尤以自來水為甚。《拉丁美洲真相之路》中記錄一九九九年和二〇〇四年的兩次「水之戰」，外資公司壟斷國內的供水系統，水資源商品化之下，窮人無力支付清潔的飲用水。資源被外資掠奪，住在土地上的民眾反倒連基本人權也被剝奪，實在荒謬之極。

《拉》書中記錄的「古柯之戰」，當然也是不可不知的重要事件。出身古柯葉農民工會領袖的莫拉萊斯，自然不會對美國打壓古柯種植袖手旁觀。眼見美國以禁毒為名，多年干預哥倫比亞政局的前車之鑑，莫拉萊斯毅然終止兩國在「禁毒」上的合作關係。我曾任職青少年外展社工多年，接觸過不少受可卡因影響的年青人，但對於古柯的認識，僅始於踏足南美洲之後。

由於美國煙草商的龐大利益，不少國際輿論都對古柯葉（Coca）的種植污名化。古柯葉在安第斯原住民文化中地位神聖，已流傳數千年。有關古柯葉的神話傳說不少，其中之一是太陽神之子 Manco Kapac 和其妻子 Mama Ocllo 建立印加文明，他們不僅將耕種技術流傳，也將神聖的古柯葉留給後世。

為抗衡污名化的論述，秘魯和玻利維亞皆有設古柯博物館，為這種身兼生活、文化、醫療和心靈層面的特色植物「正名」。我來到拉巴斯市內的古柯博物館，細聽他們的論述。博物館的範圍不大，展品以相片為主，也有一些模型、海報和工具等，但資料則非常豐富。

博物館以編年史形式，記錄人類使用古柯葉的歷史。根據記載，安第斯原住民使用古柯葉，已有大約四千五百年。自有紀錄以來，古柯葉便受到原住民廣泛使用。在巫醫合一的年代，它既被廣泛用作薩滿儀式中的占卜和獻祭，也有實際的醫療效果。古柯葉被視為神聖植物，是接觸另一個世界的媒介，讓人們得以與神明或先人溝通，也鞏固靈魂與土地和大地之母的連繫。古柯葉作為安第斯人身分認同的符號，在傳統文化和儀式中不可或缺，包括與華人「提親」或「過大禮」相近的婚姻禮儀之上。

它既象徵原住民的文化連結，亦是作為窮人最後的營養儲備。傳統使用古柯葉的方法，是將葉子咀嚼並將纖維殘渣，塞進臉頰和牙齦間保留一段時間，在咀嚼古柯葉的過程中，唾液能鹼化葉中的生物鹼，以吸取其營養。因此，在玻國不時會見到原住民「鼓埋泡腮」。原住民每天咀嚼古柯葉二至三次，一般在工作時或餐後。咀嚼後的古柯，在口腔內產生麻痺感，能提神醒腦、增強體力，並帶來少量愉悅感。聽起來，效果跟朱古力或咖啡有一定的相似。

博物館也列出相關的研究或文獻，指出古柯葉對健康的好處，例如增強耐力和減輕血栓形成風險等。而且，它有效協助支氣管擴張，有利人體吸收氧氣，因此能舒緩高山症徵狀。高山土壤自然孕育出具有治療高原反應的藥，世界就是如此微妙。

古柯葉作為傳統文化的一部分，被殖民者的教會定義為「邪惡之物」，不利天主教傳播，並於十六世紀中期作出禁制。然而，當西班牙人發現古柯葉能延長奴隸的工時後，菲利普二世（Felipe II）便要求取消禁令，並對古柯徵收10％稅項。殖民者利用原住民的神聖植物將奴役效果最大化，從而更有效地掠奪他們的白銀，這是何等的荒謬與邪惡？

此後，古柯葉與礦業的關係更是密不可分。不少礦工被迫連續工作四十八小時，只能依靠咀嚼古柯熬下去。十六世紀的銀礦中，礦工年均消耗等值四百五十公斤黃金的古柯葉，每星期人均消耗三百八十克，每人平均以其12％收入購買古柯葉。

於十九世紀，人類對古柯的使用寫下全新的一頁。一八六〇年，化學家 Albert Niemann 改良從古柯葉中萃取生物鹼的過程，並將該生物鹼之命名為「古柯鹼」在學術界發表。這種被提煉分離的物質——「古柯鹼」，就是毒品可卡因的真面目。古柯鹼出現後，先是用於醫療的用途，後來更轉趨廣泛，當時未有人對其抱有戒心。

精神分析學之父佛洛伊德（Sigmund Freud）不僅對其趨之若鶩，更撰文大力推廣。一八六三年，含有古柯鹼成分的馬里亞尼酒（Vin Mariani）在法國面世，並大受歡迎，連教宗都對此鍾愛有加。一八八六年，另一種含有古柯鹼的飲品在美國誕生，就是人所共知的可口可樂（Coca-Cola）。[2]

一九〇〇年代初期，社會逐漸對古柯鹼成癮問題響起警號。一九一四年，美國通過法律限制古柯鹼的使用。一九六一年，國際社會通過《聯合國麻醉品單一公約》（Single Convention on Narcotic Drugs），加強包含古柯葉在內的「毒品」的打擊和管制。

博物館對此以文字作出控訴：「即使今天的土地重歸原住民之手，安第斯村落的命運仍然未有改變，古柯葉的操控者由殖民地西班牙人，變成現時的跨國企業。聯合國未能作出公平審訊，漠視古柯葉在本土文化中的神聖地位，將古柯葉文化拒諸我們的自家門外。現時，古柯的利益由製藥公司、可口可樂公司及非法製毒者把持，而且全部皆為外國人所掌控，但玻利維亞作為古柯葉種植國，則被指責為濫用可卡因問題的幫兇。」

論述指出玻利維亞政府著力打擊用作提煉古柯鹼的化學原材料入境，並指責歐美國家對此監管不力，只是將問題指向種植之上。這裡已經沒有強調，可卡因「工業」，只是不斷重覆的全球化模式的例子之一，即是由南美洲的原材料，供應予美國作為商業製成品享用。無論關乎甚麼，最豐碩的果實，彷彿都無法留在大地主人之手。

在參觀的過程中，我看到另一個角度。「掃毒」之名當然能輕易搶佔的道德高地，但將古柯葉與毒品劃上等號，把種植原材料簡化為萬惡之源，絕對是有欠公允。情況就好比發現一種容易成癮的芝士後，就要禁絕牛奶一樣。國際在禁制種植之餘，在打擊製毒和販運，以至協助濫用者方面，投放的心神和資源又是否符合比例？

《孤寂的盡頭：全世界能向拉丁美洲學到什麼？》（Das Ende der Einsamkeit:

2 Coca-Cola的名字，來自其兩種主要成分，南美洲的古柯（Coca）和非洲的可樂果，分別含有古柯鹼和咖啡因。故事猶如「跟足劇本」，兩個被剝削的洲分提供原材料，最後由美國盡得絕大部分利益。可口可樂於一九二九年將古柯鹼成分完全移除。

Was die Welt von Lateinamerika Lernen Kann）一書中提到，二〇〇九年由三位拉美前總統領銜的「拉丁美洲毒品與民主委員會」，直指過往由美國主導的「拉丁美洲毒品戰爭」已經失敗，並提出「轉換模式」的必要。委員會認為處理毒品問題的主調，應由過往執法機關主導的公共治安，改為醫療體系下的公共衛生，正視毒品使用者的需要比嚴正執法更為貼切。委員會提出「用者除罪化」和支援用者治療毒癮等，希望減低人們對毒品的需求。此外，亦提出謹慎資助古柯農，以減低他們轉向非法用途的動機。

問題，從來在於濫用而非物質本身。我雖然對毒品政策並不在行，但任職外展社工的經驗，讓我有幸聽到好些生命故事。聯合國藥品與犯罪問題辦公室（United Nations Office on Drugs and Crime, UNOCD）於二〇一六年提出「Listen First」作為應對毒品問題的主題，對此我甚為同意。我們的社會，可曾聆聽過「吸毒者」的心聲？吸毒行為就簡單地等同自甘墮落？

《Chasing the Scream: The First and Last Days of the War on Drugs》一書帶出成

癮行為的反思。一個人的成癮行為不是因為受物質操控，而是因為失去連結。許多有成癮行為的人，都經歷心理創傷、社會孤立或失意挫折的人生，許多的哀愁與鬱結、憤怒和不甘，都沒有被聆聽、明白和接納。無法與人好好的連結，孤獨的心靈只好尋找其他出口，尋樂避苦、捨難取易，或投向氯胺酮、或擁抱古柯鹼、或趨物質消費、或陷狂賭之淵。現實太殘酷，個人太無力，成癮行為背後，是無聲的呼喊，又有多少人聽見？

早於使用「毒品」一詞之時，便已經建構對該物質以至其使用者的定性。將「有物質濫用行為」的人建構成「癮君子」或「罪犯」，單一行為成為個人揮之不去的標籤，並以之為恥，只會進一步地將其孤立。寂寞和孤獨，才是成癮行為的元凶。人們需要的不是嚴刑峻法，而是關懷和聆聽，重建心靈的聯繫。

我想，拉丁美洲已有意識地慢慢重拾話語權，讓故事不再只跟隨強權的劇本發展，讓大地之母所贈予的，為他們用得其所！

被剝削的見證者與受害者

對於土地資源及優勢被剝奪，有「白銀之城」的玻托斯（Potosí，台譯波托西）是最具代表性的見證者與受害者。自從約一五四五年，殖民者發現銀礦後，玻托斯急速發展，一躍成為世界最大的工業城市之一。

於十七世紀全盛時期，該城的人口近二十萬，是美洲最大的城市，規模也屬世界前列，其銀產量更佔全球產量的一半。然而，絕大部分的資源，都落入宗主國西班牙之手，後者甚至有「像玻托斯一樣富有」（Vale Un Potosi）的說法，來表達價值連城。玻托斯在礦業史上的地位舉足輕重，但她的衰落也同時是礦業城市的悲歌。從銀礦被掏空，到近年的高原禁令，數百年內這座礦山之城歷盡作為弱勢的不公義。

我來到玻托斯的 Estadio Víctor Agustín Ugarte，這裡是本市球隊皇家玻托斯（Real Potosí）及玻托斯國民（Nacional Potosí）的共同主場。球場外圍有不少部分正在維修，我也找不到球會的辦公室，訪問球會似乎無望，但卻輾轉發現爬進球場的可能。我猶豫了數秒後，便已縱身爬過大閘進場去了。球場的硬件以玻國的水平來說甚為不錯，不過讓我堅持拜訪的，其實是因為這個球場的高度和一段歷史。

球場位於海拔三千九百六十米，是世界第三高的專業用球場，也是能容納逾一萬人的球場中第二高的。[3] 這裡肯定是我到訪過最高的球場，也是直接引發高原禁令的地方。

後起之秀的皇家玻托斯，成立於一九八八年，並於千禧年代六度擠身南美自由盃。常於小組賽敬陪末席的他們，是名副其實的「地頭龍作客蟲」，曾經主場大勝烏拉圭班霸彭拿路6：1。二〇〇七年，兩支巴西球隊法林明高及Paraná Clube被編排與他們同組。後者作客以1：3落敗，更因有球員因高原反應不適而發起抗議。

3 最高的球場是位於秘魯 Cerro de Psco 的 Estadio Daniel Alcides Carron，高海拔四千三百八十米。第二至四位都在玻利維亞，第二位是位於 El Alto（海拔四千零九十米），第四位則是拉巴斯的 Estadio Hernando Siles。

在眾多巴西球會施壓下，國際足協於二〇〇七年五月發出著名的「高原禁令」，禁令具體指明若無法提供足夠的適應時間，不能在高於海拔二千五百米以上的球場舉行國際賽事，以示公平和對球員健康的保障。[4]

高原禁令一出，引起軒然大波，並迅速上升至國際關係層面。受影響的國家，不獨是玻利維亞，還有鄰國厄瓜多爾、秘魯、哥倫比亞和墨西哥。誠然，高海拔的環境對作客球隊不利，但禁令變相剝奪其主場優勢，實在有失公允。一九六三年及一九九七年美洲國家盃，玻利維亞以主辦國身分，分別奪得冠亞軍，可見其主場威力驚人。時任玻國總統莫拉萊斯直指高原禁令是對高原人口的排斥，是赤裸裸的歧視，也影響足球的普遍性。這位熱愛足球的總統，更找來47歲的馬勒當拿助陣，在拉巴斯舉行一場慈善賽，以證明高海拔作賽無損健康。

即使其後國際足協就禁令作出修訂，受影響的高度由海拔二千五百米改至三千米，仍無損南美各國的團結。除巴西足協以外，其他南美足協成員皆一致反對高原禁令。一年後，國際足協宣布撤回。玻國守住自家作賽的基本權利，無需屈從強權，被迫放棄自己的優勢。可惜的是，從前的玻托斯卻守不住。

從輝煌到頹敗

任何一個到訪玻托斯的現代旅人，對於《拉丁美洲：被切開的血管》（Las venas abiertas de América Latina）一書中形容的輝煌，想必都是難以想像。我在山上看著群山環繞的盆地城市，橙色屋頂的房子密密麻麻，群山欠缺植被，但仍可見不同的顏色。

4 「高原禁令」列明海拔二千五百米以上的適應期為至少一星期，海拔三千米以上為至少兩星期。

書中所指的奢華盛況，無論是「十七世紀初，玻托斯全城已擁有三十六座豪華的教堂、眾多的賭場和十四座舞蹈學校」，還是「一六〇八年，玻托斯為慶祝聖體聖禮，上演六天喜劇，舉行了六個晚上的化妝舞會、八天鬥牛，還組織了三場社交晚會，兩天的各種比賽及其他慶祝活動。」到今天不僅早已蕩然無存，甚至幾乎了無痕跡。我所抵達的玻托斯，卻只有被炸空塌陷的礦山以及暗淡無光的街道。西班牙三百多年間極盡貪婪與奢華，以至有文學的說法指其掠奪的白銀數量之鉅，足夠建造一座從玻托斯通往西班牙的銀橋。

於十九世紀中期，被稱為「富山」（Cerro Rico）的銀礦已因過度開採而耗盡，玻托斯也因而急速由盛轉衰。當我讀到書中所言，「這個註定要懷舊的、飢寒交迫的城市，至今仍是美洲殖民制度一個敞開的傷口，一分控訴書」，再看看這個被列入聯合國世界文化遺產的城市，她散發的確只有荒涼和淒美。

即使於最風光的時代，也不代表為每個人都帶來幸福。在欠缺保障之下，低下階層總是被剝削的一群。因為惡劣環境、意外、疾病和過度辛勞等原因，數以百萬的原住民及非洲黑奴直接或間接地因採礦而死。玻托斯已由世界第一產銀地，慢慢轉變為主要開採錫以至鋅。直到今天，礦場仍然採用傳統人力開採方式，亦是世上少數容許參觀的同類礦場。

深入礦洞

為了親身感受礦工的生活，我參加了當地的礦場參觀團。這些礦場參觀團，都由略懂英文的前礦工擔任導遊，只有他們熟知礦場的運作和安全意識，也了解礦工的生活和感受。參觀團有個習俗，就是到「礦工市集」，自費購買物資送給工友。人們會買果汁、古柯葉和啤酒等，也另有一些特別的，例如是導管和炸藥，還有酒精濃度高達96％的超烈酒。

導遊強調手中那支固體炸藥的安全，甚至含在口中點火，有如吸煙般的姿態。

他表示是玻利維亞生產才有如此的質素保證，智利那些根本望塵莫及。不是不相信他，但站在身旁的我仍不禁捏一把汗。他也解釋，那支超強烈酒，很大程度是星期一和星期五，向神明祈求平安和感恩「還神」之用。秘魯和玻利維亞人，在飲酒前，都會將之先灑在地上，以孝敬「大地之母」（Pachamama）。

買好「見面禮」後，我們便正式出發往礦場去。導遊解釋，現在他們都是以合作社的形式工作，不為政府或私人公司打工，選擇工時長短的自由度大增，亦有助減少被剝削的情況。對比數百年來，無數礦工被勞役至死的歷史，似乎是邁進了一大步。

到達礦場後，導遊示意我們可在外拍照，自己卻不知走到哪裡聊天，一等就是二十五分鐘，實在有偷懶之嫌。礦場的一切對於我而言，都是非常的陌生和新鮮。無論是礦洞入口、鐵軌、搬運車等，都成為我想像礦工生活的媒介。然而，雖然身穿「工作服」，但我們這一群花錢來參觀的旅客，始終跟這個地方以及旁邊並排而坐，咀嚼著古柯葉的工友們格格不入。可惜我西班牙語太過不濟，無法跟他們有更多的交流。令我驚訝的是礦場外竟有個簡陋的足球場，想不到工作已花盡氣力的礦工們，仍然需要足球的滋潤。

終於，「蛇王」導遊回來，並帶領我們進入礦洞內。入口處是一條狹窄的通道，越走越深，遠離陽光，慢慢地將我帶到另一個世界去，但這一次，似乎並不會太令人期待。

僅數步之遙，便已看不見礦洞外的光線，聲音也隨之隔絕，剩下的一切都只屬於礦洞內的世界。再隨步伐內進，首先感受到的是溫度和空氣的變化。沒有陽光的世界，氣溫頓時驟降，加上能見度大減，很自然地隨著本能變得不安。而聽說在礦洞的不同位置和時間，溫度竟能由零至四十度不等，這簡直是教人驚懼的變化。礦洞內的空氣遍布灰塵，雖說可以用頸巾暫作口罩之用，但卻是陷入兩難之境。雖說來到高原已有數星期的我，已經適應了高度。但是在海拔四千多米礦洞之內，空氣更形稀薄，每一口呼吸都甚為吃力。

平常的時候，每個人都不會太在意，但當身處空氣不足的礦洞內，我便發現自己竟要著力地「維持生命」，努力地做好每一口呼吸。因為「空氣」，這一生存的元素，不再是穩定和無限保證，哪怕是洞內出現些微的變數，也足以讓礦工陷於危險。在這裡工作，彷彿一直被抓住了咽喉，人的生命變得如此脆弱。此刻，我原諒了導遊的「蛇王」，誰也不喜歡多待在這種環境太久，哪怕他是曾經在礦洞工作十年的前礦工。

頭盔上的電筒成了雙眼的依靠，水靴踏著濕滑的泥漿或積水，發出令人不舒服的腳步聲。礦洞內高低不一，部分洞頂由幾根木枝支撐，有時候必須彎下身子才能通過，有些地方更要攀爬穿越，彷彿置身地下迷宮。這裡的高低起伏，卻不是遊戲般簡單。即使部分地方可供人參觀，但卻仍是如假包換的運作的礦洞，是礦工辛勤勞動的地方。我們要爬上一米多高的位置，也沒有甚麼方便的設施可供攀扶，除了導遊的指引外，依靠的，就是個人的身手、經驗和謹慎。

礦洞內，除了一條提供些微空氣的喉管外，設備非常簡陋。我們沿著木梯往三米多以下攀爬時，其中一級突然脫落，還真是讓人擔心。礦洞內環境惡劣，可說是危機四伏，稍一不慎便可能受重傷甚或喪命。我來到一個深不見底的洞口上，只見中間放了一塊滿布泥漿的木板，有如小橋板般供人走過，旁邊卻是深達數十米的沙井。後來，我又走過一塊類似的木板，越過紅色的一處水窪，沒想到這些礦物液體竟可深達二十五米。

因為長期身處這種非人環境，礦工之間，都有許多忌諱。他們認為在礦洞內吹口哨會導致失蹤事件，也絕不談論意外，免得一語成讖。而每一次礦工的相遇後，離開時都會送上祝福。

在每個礦洞內入口處不遠，都供奉有一尊名為 El Tio 的偶像。祂通常是惡魔模樣，是地底世界的主宰。每個礦工都必定恭敬膜拜，以求平安。他們每天都會在偶像的頭頂、雙手、陽具等灑上古柯葉和酒，並為偶像點燃香煙，以作供奉。在某些日子，更會屠宰羊駝作為祭品。祭品的數量必定是雙數，以表達雙腳、雙手和雙眼等身體健全。在偶像旁的牆身，還能見到乾涸了的羊駝血。

在我看來，他們的「迷信」是必須的。因為長期處於危險之中，他們需要找到心靈的承托，只有這樣才能告訴自己：「只要我做了甚麼便會被守護」。在這種非人的環境中，僅靠人類的心靈實在難以度日。

參觀團安排我們探訪工友，並跟他們傾談交流。工友們都是以家人為伙伴，小組形式地工作，各自有其專屬的範圍。礦洞沒有甚麼科技可言，就只有木梯、氣喉、鐵軌以及手上最簡單的鐵鎚鐵鏟等，一切都很原始，全都是依靠勞力，一下一下地鑿出個人和家庭的生活來。

一般而言，他們每天進入礦洞動輒八至十二小時。礦洞內沒有食物和飲用水，莫說是用膳，甚至連大解也不可以。能夠為工友提供慰藉的，只有偶爾小休時的香煙、果汁和酒。而真正支撐他們長期勞動的，是含在咀嚼後含在口腔中的古柯葉。這種自古安底斯民族的精神食糧，一直支撐著數百年來礦工的性命。每一位礦工日均消耗兩包的古柯葉，他們必須依靠其神奇效果，才能在不進食和長期勞動之下，讓生活延續下去。古柯，是他們日常生活中的必須品。

第二組工友在礦洞深處走出來，跟我們打招呼和稍休。他一步一步地走近我們，在我的附近坐下。口中勉強回應了我們的招呼，臉上卻無法表露親切。他坐下了數分鐘，良久沒發一言，其喘氣聲支配了這個空間，依稀引起回音。我無法不隨著其呼吸屏息，在黑暗中隱約看到他落下的汗水，黝黑的臉上疲態畢露，沒有人敢去打擾他的稍息。這種疲累，應是我畢生至今從沒感受過，或甚難以想像的。這是一種真正的耗盡，並點燃著生命之火的疲憊。

礦工的平均壽命確是比較短暫，大約不過五十餘歲。而且，因為長期吸入過多灰塵，不少人會患上矽肺病。眼前的工友表示已經任職逾廿年，為的是比一般工作較好的收入，說到底，都是為了生計。在玻國，以一天工作八小時計算，不少人賺取的是每月一千四百玻元的最低工資（約一千六港幣，六千五台幣），但礦工則可以達到逾二千玻元的收入。

許多報告指出，缺乏陽光的地區，往往會引發季節性抑鬱症。那麼，從十來歲起，每周花上數十小時，流放在一個極度黑暗、遠離人群、潮濕而危險的世界裡，又會變成怎樣？即使曾經置身其中，也難以想像。然而，這一群勞動者，卻彷彿因而千錘百鍊，於每天跟礦石的交戰中，磨練出與之能相題並論的鬥志。他們像是異世界的一群，是傳說中的洞穴人、也是魔幻世界裡的矮人礦工。他們活得苦，但他們的心靈與眼神比我看過的許多人更強。

我朝礦洞的另一個通道，慢慢地出走。混濁稀薄的空氣，纏繞雙足的泥濘，危機處處的環境，不見天日的歲月……礦場就是玻利維亞過去的命運與歷史。「坐在金礦上的窮人」只能在自己的土地上付出，卻平白讓絕大部分的利益溜進他人的口袋。直至今天，玻利維亞人還是嚼著一口一口的古柯，象徵其身分和精神的古柯，默默地，一下下地，熬過去。

我想起在拉巴斯的 killi killi 瞭望台，放眼之下，橙色的房屋遍布山谷，偶爾加插數座高樓，彷彿看到無數生命，既默默耕耘，也持續抗爭，堅毅不屈地守護著這片土地。在世界最高的國家隊球場背後，除了是連綿的貧民區小屋外，還有撥開雲霧的皚皚雪山。

BOLIVIA

在全球最高的國家隊球場，球員的跑動似乎有限，但整體氣氛仍算熾熱。

只有羊駝出現在球場內，加上山脈背景，可說是玻利維亞特有的有趣畫面。

即使礦工權益已有所改善，但仍然是危險和對健康不利的苦差。

玻國街頭充滿行乞的兒童或童工。

體力嚴重透支，加上長期身處礦洞內的不利環境，礦工平均壽命明顯比常人短。

安第斯地區傳統上視古柯葉為神聖植物，與可卡因並無直接關係。

跋

前行的力量

《叛逆拉美》與《覺醒南美》兩部作品成書在即。夜闌人靜，湧上心頭的，卻是我在過程中所壓抑的無數眼淚。[1]

這兩部作品其實是為了我自己而寫的。為了逃避無盡的痛悲，為了填補空洞的無力，為了留下真誠的家書。二〇一九年，我的人生被劈開，從此前半生與後半生赫然分離。那一年，我所有的家都毀了，所珍重的人和事散落一地，支離破碎、懸在半空、無處可依。

直到某天確認，生命的路還得繼續時，卻舉步維艱、難以寸進。於內外的風風雨雨下，我決定重新執筆。寫作讓我得以一頭鑽進書本內，閱讀他方的歷史，細聽別人的故事，回憶過去的旅程，暫時逃離痛的侵擾。

然而，撰寫拉丁美洲篇是艱鉅的，不僅是因為自己不學無術，既對彼邦認識皮毛，而搜尋西語系資料更是困難重重，更甚者，是所觸碰的情緒之巨，令我難以平伏。從歷史到今天、美洲到香港、他者至自身，每一部分都充滿眼淚。有時我必須麻痺知覺、切斷感性，方能繼續書寫下去。

拉丁美洲，是少數我曾旅居過，卻仍感到魔幻的地方。拉丁美洲，是夢想幻滅、是暗地垂淚，是純真、是堅持、是希望、是黑暗，也是遺憾。

1　特別鳴謝波波（FB：llabllab，IG：ballball_travel）慷慨分享攝影作品予本書之用（以哥倫比亞及阿根廷為主）。

成書之時，方發現又走過了一段小路。感謝拉美、感謝寫作、感謝每段緣份，讓我重拾旅者的初衷，回歸個人的起點，保持對世界好奇、堅持人性的關懷。

曾經走到世界的盡頭，明白人生無法「由頭嚟過」。只盼帶著傷痛與遺憾的過去隨身，仍能學習自處，走出未來。

阿大

10/2022

謹將本作獻給伴我走在抑鬱低谷的你

5201314

參考資料

●專書：

Alkazemi, Mariam & Youakim, Claudia. (2021). *Arab Worlds beyond the Middle East and North Africa.*

大衛．哥德布拉特著，韓絜光、陳复嘉、劉冠宏譯：《足球是圓的：一部關於足球狂熱與帝國強權的全球文化史》（台北：商周，2018）。

何國世：《阿根廷史—探戈的故鄉》（台北：三民，2007）。

李碧君：《逆光天堂：看見你不知道的拉丁美洲》（新北：南十字星，2016）。

張翠容：《拉丁美洲真相之路》（台北：馬可孛羅，2009）。

凱特．麥拉克、馬特歐．霍克著，蔡欣芝譯：《巴勒斯坦之聲：被綁架的家園》（台北：商務，2017）。

喬納森．威爾遜著，蝶歌、童文煦譯：《髒臉天使：足球阿根廷史》（上海：文匯，2018）。

愛德華多．加萊亞諾著，張俊譯：《足球往事：那些陽光與陰影下的美麗和憂傷》（廣西：廣西師範大學出版社，2010）。

● 期刊學報

Baeza, Cecilia. (2014). Palestinians in Latin America. *Journal of Palestine Studies. 43*. 59-72.

Catalá-Carrasco, Jorge & Vich, Víctor. (2021). Boom and bust of euphoric narratives: Peruvian football and the neoliberal mentality. **Soccer & Society**. 23. 1-14.

Panfichi, Aldo & Vich, Víctor. (2004). 10 Political and Social Fantasies in Peruvian Football: The Tragedy of Alianza Lima in 19871. *Soccer and Society. 5*. 285-297.

Schmidt, Bettina. (2022). Afro-Peruvian Representations in and around Cusco: a Discussion about the Existence or Non-existence of an Afro-Andean Culture in Peru.

Tollefson, Amanda. (2014). Citizens and Sportsmen: Fútbol and Politics in Twentieth-century Chile by Brenda Elsey (review). *Journal of Sport History. 41*. 161-162.

Vila Benites, Gisselle & Panfichi, Aldo. (2020). La profesionalización del fútbol durante el Gobierno Revolucionario de las Fuerzas Armadas en Perú (1968-1975). *Historia Crítica*. 76. 73-92.

Wood, David. (2005). Reading the Game: The Role of Football in Peruvian Literature. *International Journal of The History of Sport*. 22. 266-284.

文學：〈秘魯獨立以來政治發展道路的特點及啟示〉，《北京社会科学》2015 年第 3 期，頁 103-125。

王迪：〈土著主義在秘魯的興起與演變〉，《拉丁美洲研究》第 43 卷第 3 期（2021 年 6 月），頁 104-125。
石雅如：《拉丁美洲轉型正義概況》，《台灣國際研究季刊》第 10 卷第 2 期（2014 年夏季號），頁 108-128。
宋欣欣：〈秘魯的土著主義與新國家認同的構建〉，《拉丁美洲研究》第 37 卷第 6 期（2015 年 12 月），頁 30-34。
張怡菁：〈福克蘭群島去殖民化研究〉，《台灣國際研究季刊》第 4 卷第 3 期（2008 年秋季號），頁 176-217。
盧玲玲：〈19 世紀英國對阿根廷的移民及其影響——以「移民殖民主義」為視角〉，《西北大學學報》（哲學社會科學版）第 48 卷第 3 期（2018 年 5 月），頁 127-134。

• 學位論文

邱筱鈞：《皮亞佐拉——瓦瑞拉斯《探戈的歷史》之研究與詮釋》，國立臺灣師範大學音樂學系在職進修碩士班詮釋報告，2013 年 5 月。

• 報章雜誌

沈旭暉：〈南美的「高原足球政治」〉，《信報財經新聞》（2014 年 9 月 2 日）。

譯名對照表

球員				
頁數	港譯	原文暱稱	全名	台譯
14	馬勒當拿	Diego Maradona	Diego Armando Maradona Franco	馬拉度納
27	泰維斯	Carlos Tevez	Carlos Alberto Martínez Tevez	卡洛斯・特維斯
31	迪・史堤芬奴	Alfredo Di Stéfano	Alfredo Stéfano Di Stéfano Laulhé	阿爾弗雷多・迪斯蒂法諾
31	法蘭斯哥利	Enzo Francescoli	Enzo Francescoli Uriarte	恩佐・弗朗西斯科利
31	奧迪加	Ariel Ortega	Ariel Arnaldo Ortega	阿列爾・奧爾特加
31	沙拉斯	Marcelo Salas	José Marcelo Salas Melinao	馬塞洛・薩拉斯
31	艾馬	Pablo Aimar	Pablo César Aimar	帕布羅・艾馬爾
31	馬斯查蘭奴	Javier Mascherano	Javier Alejandro Mascherano	哈維爾・馬斯切拉諾
32	列基美	Riquelme	Juan Román Riquelme	胡安・羅曼・里克爾梅
41	希古恩	Gonzalo Higuaín	Gonzalo Gerardo Higuaín	伊瓜因
42	迪亞高米列圖	Diego Milito	Diego Alberto Milito	
63	美斯	Messi	Lionel Andrés Messi	梅西
66	華丹奴	Jorge Valdano	Jorge Alberto Valdano	豪爾赫・巴爾達諾
66	巴迪斯圖達	Gabriel Batistuta	Gabriel Omar Batistuta	加布里埃爾・巴提斯圖達
66	森美爾	Walter Samuel	Walter Adrián Luján Samuel	華特・山繆
66	麥斯洛迪古斯	Maxi Rodríguez	Maximiliano Rubén "Maxi" Rodríguez	馬克西・羅德里格茲
66	普捷天奴	Mauricio Pochettino	Mauricio Roberto Pochettino Trossero	毛里西奧・波切蒂諾
67	比利	Pelé	Edson Arantes do Nascimento	比利
70	加拿度	Marcelo Gallardo	Marcelo Daniel Gallardo	蓋亞多
70	沙維奧拿	Javier Saviola	Javier Pedro Saviola Fernández	哈維爾・薩維奧拉
71	碧基	Gerard Piqué	Gerard Piqué Bernabeu	傑拉德・皮克
71	法比加斯	Cesc Fàbregas	Francesc Fàbregas Soler	塞斯克・法比加斯
71	朗拿甸奴	Ronaldinho	Ronaldo de Assis Moreira	羅納迪諾

譯名對照表

球員				
頁數	港譯	原文暱稱	全名	台譯
72	C 朗拿度	Cristiano Ronaldo	Cristiano Ronaldo dos Santos Aveiro	C 羅納度
76	巴薩里拉	Daniel Passarella	Daniel Alberto Passarella	丹尼爾・巴薩里拉
77	甘巴斯	Mario Kempes	Mario Alberto Kempes	馬利歐・肯佩斯
80	拉廷	Antonio Rattin	Antonio Ubaldo Rattín	
97	莫雷諾	Jose Moreno	José Manuel Moreno Fernández	
97	哥巴達	Oreste Corbatta	Oreste Omar Corbatta Fernández	科爾巴塔
97	侯斯曼	Rene Houseman	René Orlando Houseman	雷內・豪斯曼
97	波切尼	Ricardo Bochini	Ricardo Enrique Bochini	
132	卡西利	Carlos Caszely	Carlos Humberto Caszely Garrido	
149	巴禾	Claudio Bravo	Claudio Andrés Bravo Muñoz	克勞迪歐・布拉沃
149	維達爾	Arturo Vidal	Arturo Erasmo Vidal Pardo	阿圖羅・比達爾
149	美度	Gary Medel	Gary Alexis Medel Soto	加里・梅德爾
172	阿歷斯・山齊士	Alexis Sánchez	Alexis Alejandro Sánchez Sánchez	阿萊克西斯・桑切斯
207	費古羅亞	Elías Figueroa	Elías Ricardo Figueroa Brander	埃利亞斯・菲格羅亞
219	比沙路	Claudio Pizarro	Claudio Miguel Pizarro Bosio	克勞迪奧・皮薩羅
219	法芬	Jefferson Farfán	Jéfferson Agustín Farfán Guadalupe	杰弗遜・法爾范
219	古里路	Paolo Guerrero	José Paolo Guerrero Gonzales	保羅・格雷羅
229	古比拉斯	Teófilo Cubillas	Teófilo Juan Cubillas Arizaga	特奧菲洛・庫比利亞斯

譯名對照表

球會				
頁數	港譯	原文暱稱	全名	台譯
13	高魯高魯	Colo-Colo	Club Social y Deportivo Colo-Colo	高路高路
14	哥比路亞	Cobreloa	Club de Deportes Cobreloa	科布雷洛
20	小保加	Boca Juniors	Club Atlético Boca Juniors	博卡
21	河床	River Plate	Club Atlético River Plate	河床
34	獨立	Independiente	Club Atlético Independiente	獨立隊
34	聖羅倫素	San Lorenzo	Club Atlético San Lorenzo de Almagro	聖羅倫素
34	競賽會	Racing	Racing Club de Avellaneda	競賽隊
39	拉魯斯	Lanús	Club Atlético Lanús	拉努斯
39	士砵亭水晶	Sporting Cristal	Club Sporting Cristal	水晶體育
40	貝爾格拉諾	Belgrano	Club Atlético Belgrano	貝格拉諾
41	皇家馬德里	Real Madrid C.F.	Real Madrid Club de Fútbol	皇家馬德里
41	紐維爾舊生	Newell's Old Boys	Club Atlético Newell's Old Boys	紐維爾舊生
41	羅沙尼奧中央	Rosario Central	Club Atlético Rosario Central	羅薩里奧中央
52	聖達菲	Unión de Santa Fe	Club Atlético Unión	聖達菲
56	颶風隊	Huracán	Club Atlético Huracán	颶風隊
65	巴塞隆拿	Barcelona	Futbol Club Barcelona	巴塞隆納
67	小阿根廷人	Argentinos Juniors	Asociación Atlética Argentinos Juniors	阿根廷青年
68	畢爾包	Athletic Bilbao	Athletic Club de Bilbao	畢爾包
69	拿玻里	S.S.C. Napoli	Società Sportiva Calcio Napoli	拿坡里
69	西維爾	Sevilla FC	Sevilla Fútbol Club	塞維利亞
72	基達菲	Getafe CF	Getafe Club de Fútbol	赫塔費
72	愛斯賓奴	RCD Espanyol	Reial Club Deportiu Espanyol	西班牙人
112	聖地牙哥漫遊者	Santiago Wanderers	Club de Deportes Santiago Wanderers	聖地牙哥流浪者

譯名對照表

球會				
頁數	港譯	原文暱稱	全名	台譯
112	維拿迪馬愛華頓	Everton de Viña del Mar	Everton de Viña del Mar	維拿迪馬艾佛頓
113	愛華頓	Everton F.C.	Everton Football Club	艾佛頓
124	麥哲倫體育會	Deportes Magallanes	Club Deportivo Magallanes	麥哲倫
127	阿特拿斯	Atlas F.C.	Atlas Fútbol Club	阿特拉斯
129	保地花高	Botafogo	Botafogo de Futebol e Regatas	博塔弗戈
135	智利大學	Universidad de Chile	Club Universidad de Chile	智利大學
135	天主教大學	Universidad Católica	Club Deportivo Universidad Católica	天主教大學
162	科布雷素	Cobresal	Club Deportes Cobresal	科布雷素
167	法林明高	Flamengo	Clube de Regatas do Flamengo	佛朗明哥
167	彭拿路	Peñarol	Club Atlético Peñarol	佩納羅爾
192	艾斯賓路拿	Unión Española	Club Unión Española S.A.D.P	艾斯賓路拿
192	奧達斯	Audax Italiano	Audax Club Sportivo Italiano	奧達克斯
192	柏利斯天奴	Palestino	Club Deportivo Palestino	帕萊斯蒂諾
198	利物浦	Liverpool	Liverpool Fútbol Club	利物浦
198	彭美拉斯	Palmeiras	Sociedade Esportiva Palmeiras	帕梅拉斯
220	利馬聯盟	Alianza Lima	Club Alianza Lima	利馬聯盟
220	秘魯體育大學	Universitario de Deportes	Club Universitario de Deportes	秘魯體育大學
239	曼聯	Manchester United F.C.	Manchester United Football Club	曼聯
239	拖連奴	Torino F.C.	Torino Football Club	杜里諾
266	玻利瓦爾	Club Bolívar	Club Bolívar	玻利瓦爾
266	最強者	Club the Strongest	Club the Strongest	最強者
286	皇家玻托斯	Real Potosí	Club Real Potosí	皇家普托斯
286	玻托斯國民	Nacional Potosí	Club Atlético Nacional Potosí	國民普托斯

腳下魔法——覺醒南美：

從造神運動到僑民組織，由極權統治到爭取公義，邁向光明的足球旅行

作　　者 | 李文雋
責任編輯 | 馮百駒
編輯協力 | 蘇朗欣
封面設計 | 吳為彥
內文排版 | 王氏研創藝術有限公司
印　　刷 | 博客斯彩藝有限公司

一八四一
社　　長 | 沈旭暉
總 編 輯 | 孔德維
出版策劃 | 一八四一出版有限公司
網　　站 | 1841.co
地　　址 | 105 臺北市寶清街 111 巷 36 號
電子信箱 | enquiry@1841.co
Facebook | www.facebook.com/1841bookstore
Instagram | @1841.co

讀書共和國出版集團
社　　長 | 郭重興
發行人兼出版總監 | 曾大福
發　　行 | 遠足文化事業股份有限公司
網　　站 | www.bookrep.com.tw
地　　址 | 231 新北市新店區民權路 108-2 號 9 樓
電　　話 | (02)2218-1417
傳　　真 | (02)8667-1065
電子信箱 | service@bookrep.com.tw
郵撥帳號 | 19504465 遠足文化事業股份有限公司
客服專線 | 0800-221-029
法律顧問 | 華洋法律事務所 蘇文生律師

初版一刷 | 2022 年 11 月
定　　價 | 400 台幣
ISBN | 978-626-95956-7-9

國家圖書館出版品預行編目

覺醒南美：從造神運動到僑民組織，由極權統治到爭取公義，邁向光明的足球旅行 / 李文雋著 .
-- 初版 . -- 臺北市：一八四一出版有限公司出版：遠足文化事業股份有限公司發行，2022.11
面；　公分 . -- (腳下魔法)
ISBN 978-626-95956-7-9(平裝)
1.CST: 足球 2.CST: 遊記 3.CST: 拉丁美洲

754.8　　111017323